KB215956

셈연구시리즈 69

마태복음과 함께하는

묵상노트

한국기독교교육교역연구원 편

임창복 집필

사단 한국기독교교육교역연구원
법인
www.kcemi.onmam.com

마태복음과 함께하는

묵상노트

초판인쇄 2022년 12월 30일
초판발행 2022년 12월 30일
지 은 이 임 창 복
엮 은 이 한국기독교교육교역연구원
펴 낸 곳 사) 한국기독교교육교역연구원
주 소 12 경기 가평군 호반로 1373
전 화 (031) 567-5325, 584-8753 팩스 (031) 584-8753
등록번호 2005-000012

ISBN 978-89-93377-62-0 (04230) / Printed in Korea
값 11,000원

머리말

사단법인 한국기독교교육교역연구원은 그동안 페이스북, 다음 블로그, 그리고 본 연구원 홈페이지에 "오늘의 말씀묵상"을 매일같이(주일은 제외) 올리고 있습니다. 이를 모아 현재까지 「누가복음과 함께하는 묵상노트」가 제1권부터 제4권까지, 「요한복음과 함께하는 묵상노트」가 제1권부터 제4권까지, 「창세기와 함께하는 묵상노트」가 제1권부터 제4권까지, 「사도행전과 함께하는 묵상노트」가 제1권부터 제4권까지, 「히브리서와 함께하는 묵상노트」 제1권부터 제2권까지, 「로마서와 함께하는 묵상노트」 제1권부터 제2권까지, 「이사야와 함께하는 묵상노트」 제1권부터 제3권까지, 그리고 이번에는 「마태복음과 함께하는 묵상노트」 제1권을 출판하게 되었습니다.

본 연구원이 "오늘의 말씀묵상"을 중요시하는 이유는 매일 단 몇 분만이라도 하나님의 말씀을 고요히 묵상하는 사람은 삶의 질서가 하나님 안에서 분명해지고, 또한 '성경말씀'이 날마다 자신에게 적용되어 삶으로 배어들 수 있기 때문입니다. 그리하여 묵상자는 주 안에서 평강과 인내와 기쁨의 삶을 사는 힘을 공급받을 수 있게 됩니다.

무엇보다도 먼저 본서가 출판되기까지 함께하신 하나님께 감사를 드립니다. 이 책을 통하여 묵상하는 모든 이들이 성경말씀으로 치유되고, 도전받고, 구속함을 입어 변화되는 하나님의 역사가 임하시기를 기원하면서 머리말을 맺습니다.

2022년 12월
사단법인 한국기독교교육교역연구원 원장
장로회신학대학교 명예교수 및 셈교회 목사

임 창 복

묵상기도하는 방법

1. 우선 몸의 균형을 잡고 개방적인 상태로 눈을 감은 채, 편안히 앉아 긴장 완화를 쉽게 하기 위해서 몇 번 깊게 숨을 쉰다.

2. 하나님의 임재를 위한 기도를 드린다. (원하면, 기도 후에 찬송을 부르거나 묵상하기 좋은 음악을 듣는다.)

3. 묵상할 주제를 본 다음, 묵상할 말씀을 한 번 전체적으로 면밀히 그리고 능동적으로 읽는다.

4. 묵상할 말씀을 두 번째 읽으면서, 첫 번째 읽을 때 스쳐 지나간 부분까지 전체 내용이 마음과 머리에 기억되도록 집중하여 능동적으로 읽는다.

5. '기도 요점'과 '도움의 말'을 한 번 읽고 난 후, 다시 세 번째로 묵상할 말씀을 읽어 가면서 특별히 마음과 눈이 머무는 특정 말씀이나 구절 혹은 성경말씀 이야기 안으로 수동적으로 들어간다. 이때 다른 생각이나 잡념과 같은 것은 내려놓는다. 혹은 그것에 붙잡히지 않고 흘러가게 한다.

6. 주님과 대화하면서 묻기도 하고, 주님의 음성을 듣기도 하며, 묵상하는 말씀들로부터 내면으로 스며드는 느낌이나 혹은 말씀 안의 배경, 인물, 대화 내용 등으로 몰입되면서 묵상자를 치유하고, 도전하고, 그리고 고요하게 하는 말씀의 능력에로 몰입되어 들어간다.

7. 자신이 묵상한 말씀과 주님과의 대화의 응답으로 '응답의 기도'를 드리며 묵상기도로부터 벗어난다.

8. '묵상노트' 하단의 빈 공간에 자신이 '묵상한 내용'과 '응답의 기도'를 기록한다.

묵상기도
주제 및 내용

말씀 묵상노트의 목적은 그리스도인들이 말씀 묵상, 기도생활을 통하여 성령의 역사로 하나님의 지속적인 현존에 거하게 하는 데 있다. 다른 말로 표현하면, 이는 순간순간, 날마다, 직장 혹은 가정, 그리고 시장에서도 영원성에 그 중심을 두는 삶, 즉 하나님의 현존 안에 우리의 삶이 거하도록 하는 데 있다. 이와 같이 하여 그리스도인의 성경말씀 묵상 기도의 결실은 성령의 인도하심에 따라 세상에서 하나님과의 깊은 관계 속에서 삶을 살 수 있게 하는 데 있다.

1 / 예수 그리스도의 계보
(아브라함으로부터 다윗까지 14대)

마태복음 1 : 1-6절 초반

아브라함과 다윗의 자손 예수 그리스도의 계보라 아브라함이 이삭을 낳고 이삭은 야곱을 낳고 야곱은 유다와 그의 형제들을 낳고 유다는 다말에게서 베레스와 세라를 낳고 베레스는 헤스론을 낳고 헤스론은 람을 낳고 람은 아미나답을 낳고 아미나답은 나손을 낳고 나손은 살몬을 낳고 살몬은 라합에게서 보아스를 낳고 보아스는 룻에게서 오벳을 낳고 오벳은 이새를 낳고 이새는 다윗 왕을 낳으니라

기도 요점

예수를 그리스도라고 믿는 자신의 계보에 관하여 생각해 본 경험이 있는가? 마태복음에서 예수 그리스도의 계보가 아브라함으로부터 시작하여 다윗까지 열네 대인데, 이 계보가 우리에게 주는 의미는?

도움의 말

마태복음에서 예수 그리스도의 계보는 하나님께서 언약을 맺으신 아브라함으로부터 시작합니다. 이는 혈통과 족보에 중시하였던 당시 유대인들에게 예수가 바로 그 언약의 후손이심을 강조하기 위해서입니다. 하나님께서는 아브라함에게 그의 후손을 통하여 '천하 만민이 복을 받게 될 것'이라는 약속을 하셨고(창 22:18;갈 3:16), 또한 하나님은 다윗에게 영원히 그를 버리지 않으시며(시 89:29), 그의 자손 중 하나를 선택하여 그의 나라를 계승하게 하신다고 약속하셨습니다. 이뿐만 아니라 하나님은 그 계승한 왕에 의하여 그 왕위와 나라가 영원토록 견고히 보전되게 할 것이라는 메시야 언약을 주셨습니다(삼하 7:12-16). 이와 같이하여 예수 그리스도의 계보는 아브라함으로부터 시작하여 다윗까지 열네 대의 계보로 이어집니다.

2 / 예수 그리스도의 계보
(다윗부터 바벨론으로 사로잡혀 갈 때까지 14대)

마태복음 1 : 6절 하반 – 11

다윗은 우리야의 아내에게서 솔로몬을 낳고 솔로몬은 르호보암을 낳고 르호보암은 아비야를 낳고 아비야는 아사를 낳고 아사는 여호사밧을 낳고 여호사밧은 요람을 낳고 요람은 웃시야를 낳고 웃시야는 요담을 낳고 요담은 아하스를 낳고 아하스는 히스기야를 낳고 히스기야는 므낫세를 낳고 므낫세는 아몬을 낳고 아몬은 요시야를 낳고 바벨론으로 사로잡혀 갈 때에 요시야는 여고냐와 그의 형제들을 낳으니라

기도 요점

예수 그리스도라는 호칭의 의미는? 초대교회 성도에게 있어서 이 호칭이 그들에게 주는 의미는? 예수 그리스도의 계보의 모든 대 수가 아브라함으로부터 다윗까지 14대, 다윗부터 베벨론으로 사로잡혀 갈 때까지 14대, 그리고 바벨론으로 사로잡혀 간 후부터 그리스도까지 14대인데, 두 번째 14대가 이새의 아들 다윗 왕으로부터 시작되는 의미는?

도움의 말

예수 그리스도는 역사적 및 사명적 명칭인 예수와 직능적 명칭인 그리스도가 결합된 구세주의 공식적 호칭입니다. 초대교회 성도들에게 있어서 이 호칭은 예수는 구약 예언에 따라 오신 메시야라는 신앙고백을 담은 명칭입니다. 다윗부터 바벨론으로 사로잡혀 갈 때까지의 14대의 예수 그리스도의 계보는 다윗 왕부터 시작됩니다. 이는 예수 그리스도의 계보가 왕위 계승적 혈통임을 드러내는 것을 의미합니다. 마태복음의 예수 그리스도의 계보에서 다윗만이 왕으로 기록되었는데, 이는 왕권에 대한 하나님의 언약이 다윗과 더불어 이뤄졌으며, 그의 왕권은 메시야 왕권의 예표로서 주어졌기 때문입니다(삼하

7:12-16). 이 같은 의미를 우리는 누가복음 1장 31-32절에서 "천사가 마리아에게 보라 네가 잉태하여 아들을 낳으리니 그 이름을 예수라 하라 그가 큰 자가 되고 지극히 높으신 이의 아들이라 일컬어질 것이요 주 하나님께서 그 조상 다윗의 왕위를 그에게 주시리라"는 고지에서도 찾아 볼 수 있습니다. 다윗 이후 유다가 바벨론으로 사로잡혀 갈 때는 여호아긴(여고냐)과 시드기야(맛다니아) 시기입니다(주전 597년과 586년).

3 / 예수 그리스도의 계보
(바벨론으로 사로잡혀 간 후부터 그리스도까지 14 대)

마태복음 1 : 12-17

바벨론으로 사로잡혀 간 후에 여고냐는 스알디엘을 낳고 스알디엘은 스룹바벨을 낳고 스룹바벨은 아비훗을 낳고 아비훗은 엘리아김을 낳고 엘리아김은 아소르를 낳고 아소르는 사독을 낳고 사독은 아킴을 낳고 아킴은 엘리웃을 낳고 엘리웃은 엘르아살을 낳고 엘르아살은 맛단을 낳고 맛단은 야곱을 낳고 야곱은 마리아의 남편 요셉을 낳았으니 마리아에게서 그리스도라 칭하는 예수가 나시니라 그런즉 모든 대 수가 아브라함부터 다윗까지 열네 대요 다윗부터 바벨론으로 사로잡혀 갈 때까지 열네 대요 바벨론으로 사로잡혀 간 후부터 그리스도까지 열네 대더라

기도 요점

예수님의 나심이 아브라함과 다윗 혈통의 왕통을 이어받고 있다는 예수님의 계보가 주는 의미는? 바벨론으로 사로잡혀 간 후부터 그리스도까지 열네 대에서 다윗 혈통이 이어져가는 과정가운데서 섭리하시는 하나님의 은혜를 묵상하십시오.

도움의 말

바벨론으로 사로잡혀 간 후부터 그리스도까지 열네 대는 다윗 혈통의 왕권이 두 번째 바벨론 포로(B.C. 597)로 감으로 인하여 사실상 종말인 것 같았습니다. 그러나 그럼에도 불구하고 바벨론 포로 생활 가운데서도 여호와께서는 다윗의 혈통을 존속시키시는 섭리가 있는데, 스룹바벨은 제 1차 포로 귀환을 인솔하였을 뿐만 아니라 예루살렘 성전과 성곽 중수 사역을 지휘한 예루살렘의 지도자였고, 마리아의 남편 요셉이 왕족 혈통임이 드러납니다. 이어서 마리아에게서 그리스도라 칭하는 예수가 나심으로 예수의 계보가 맺어

집니다. 이와 같이하여 예수님의 처녀 탄생이 드러나며, 또한 예수 그리스도
는 혈연적으로 요셉과 관계가 없지만, 아브라함과 다윗 혈통의 왕통을 합법
적으로 이어 받고 있습니다.

---

4 / 예수 그리스도의 나심은 이러하니라

마태복음 1 : 18-21

예수 그리스도의 나심은 이러하니라 그의 어머니 마리아가 요셉과 약혼하고 동거하기 전에 성령으로 잉태된 것이 나타났더니 그의 남편 요셉은 의로운 사람이라 그를 드러내지 아니하고 가만히 끊고자 하여 이 일을 생각할 때에 주의 사자가 현몽하여 이르되 다윗의 자손 요셉아 네 아내 마리아 데려오기를 무서워하지 말라 그에게 잉태된 자는 성령으로 된 것이라 아들을 낳으리니 이름을 예수라 하라 이는 그가 자기 백성을 그들의 죄에서 구원할 자이심이라 하니라

기도 요점

예수 그리스도의 나심이란? 다윗의 자손 요셉과 약혼한 마리아가 동거하기 전에 성령으로 잉태된 것이 나타났는데, 이에 대한 요셉의 반응은? 주의 사자가 요셉에게 현몽하여 성령으로 잉태된 마리아가 아들을 낳을 것인데, 그 이름을 예수라 하라고 고지하면서 그에게 예수에 관하여 알려 준 말씀은?

도움의 말

예수 그리스도의 나심은 예수 그리스도의 탄생 또는 예수 그리스도의 역사를 의미하며, 이는 예수 그리스도의 기원으로 이해됩니다. 예수 그리스도의 어머니 마리아가 다윗의 자손 요셉과 약혼하고 동거하기 전에 성령으로 잉태된 것이 나타났습니다. 당시 약혼은 법적인 결합을 의미하며, 결혼에 대한 구속력이 있었으므로 간음으로 말미암지 않고는 파혼할 수 없는 사실상의 기혼상태라고 합니다. 이러한 당시 상황 속에서 약혼한 마리아의 남편 요셉은 의로운 사람이므로 그를 드러내지 아니하고 가만히 끊으려고 생각하고 있었습니다. 이때에 주의 사자가 현몽하여 요셉에게 그에게 잉태된 자는 성령으로 된 것임을 알게 하면서 네 아내 마리아 데려오기를 두려워하지 말라고지합니다. 그리고 이어서 그가 아들을 낳을 것인데, 그 이름을 예수라 하고 이는 그가 자기 백성을 그들의 죄에서 구원할 자라고 알려줍니다.

5 / 이 모든 일이 된 것은 주께서 선지자로 하신 말씀을 이루려 하심이라

마태복음 1 : 22-25

이 모든 일이 된 것은 주께서 선지자로 하신 말씀을 이루려 하심이니 이르시되 보라 처녀가 잉태하여 아들을 낳을 것이요 그의 이름은 임마누엘이라 하리라 하셨으니 이를 번역한즉 하나님이 우리와 함께 계시다 함이라 요셉이 잠에서 깨어 일어나 주의 사자의 분부대로 행하여 그의 아내를 데려왔으나 아들을 낳기까지 동침하지 아니하더니 낳으매 이름을 예수라 하니라

기도 요점

'이 모든 일이 된 것은 주께서 선지자로 하신 말씀을 이루려 하심이니'라는 말씀의 의미하는 바는? '보라 처녀가 잉태하여 아들을 낳을 것이요 그의 이름은 임마누엘이라 하리라 하셨으니 이를 번역한즉 하나님이 우리와 함께 계시다 함이라'는 말씀이 뜻하는 바는?

도움의 말

이 모든 일이 된 것이란 성령을 통한 마리아의 처녀 수태에 관련된 모든 사건들입니다. 이 같은 모든 사건들은 주께서 선지자로 하신 말씀을 이루신 것으로서 그리스도 예수에 대한 구약의 모든 예언과 성취의 역사를 의미합니다. 특별히 여기서 '된 것은' 이란 구약에서 예언된 바대로 지속적 성취를 통하여 이미 되어졌다는 것을 의미합니다. 그 실례로 이사야 7장 14절, '보라 처녀가 잉태하여 아들을 낳을 것이요 그의 이름은 임마누엘이라 하리라' 하셨는데, 이를 번역하면 하나님이 우리와 함께 계시다 입니다. 이는 두 가지 의미가 있는데, 하나는 하나님의 아들 그리스도가 메시야이시며 예수이심을 의미합니

다. 다른 하나는 메시야이신 예수께서는 죄악으로 인해 절망과 죽음가운데 있는 인류를 구원하시기 위해 친히 이 땅에 강림하신 하나님으로서 우리와 함께 계시는 하나님이심을 의미합니다. 요셉이 잠에서 깨어 일어나 주의 사자의 분부한 대로 행하여 그의 아내를 데려왔으나 아들을 낳기까지 동침하지 아니합니다. 마리아가 아들을 낳으므로 이름을 예수라 하는데, 이와 같이하여 예수의 신분은 혈연적이 아니라 법적으로 요셉과 마리아의 아들이 됩니다.

6 / 유대인의 왕으로 나신 이가 어디 계시냐

마태복음 2 : 1-6

헤롯 왕 때에 예수께서 유대 베들레헴에서 나시매 동방으로부터 박사들이 예루살렘에 이르러 말하되 유대인의 왕으로 나신 이가 어디 계시냐 우리가 동방에서 그의 별을 보고 그에게 경배하러 왔노라 하니 헤롯 왕과 온 예루살렘이 듣고 소동한지라 왕이 모든 대제사장과 백성의 서기관들을 모아 그리스도가 어디서 나겠느냐 물으니 이르되 유대 베들레헴이오니 이는 선지자로 이렇게 기록된 바 또 유대 땅 베들레헴아 너는 유대 고을 중에서 가장 작지 아니하도다 네게서 한 다스리는 자가 나와서 내 백성 이스라엘의 목자가 되리라 하였음이니이다

기도 요점

동방에서 박사들이 예루살렘에 와서 유대인의 왕으로 나신 이가 어디 계시냐고 묻는데, 이 질문의 의미는? 동방박사들이 말하는 소문을 들은 헤롯이 당시 대제사장과 서기관들을 불러 그리스도가 어디서 나겠느냐고 묻는데, 이 질문에 대한 그들의 대답은?

도움의 말

헤롯 왕 때에 예수께서 예루살렘 남방 8km에 위치한 작은 마을 유대 베들레헴에서 나십니다. 예수 탄생을 축하하기 위하여 동방으로부터 박사들이 예루살렘에 이릅니다. 그 박사들은 이곳에서 유대인의 왕으로 나신 이가 어디 계시냐고 물으면서 동방에서 그들은 그의 별을 보고 그에게 경배하러 왔다고 말합니다. 여기서 그들이 말한 '유대인의 왕'이란 말은 이방인들이 당시 이해하고 있었던 메시야의 별칭이라고 합니다. 이 말을 헤롯 왕과 온 예루살렘이 듣고 소동이 일어납니다. 헤롯은 당시 모든 대제사장과 백성의 서기관들을 모아 그리스도가 어디서 나겠느냐고 묻습니다. 이로 보아 헤롯은 그리스도와

유대인의 왕이 같은 인물이며, 또한 유대인들이 기다리는 자의 칭호가 그리스도라는 것을 알고 있었던 것 같습니다. 이에 그들은 헤롯에게 미가 5장 2절 말씀에 근거하여 예언된 메시야의 탄생지가 베들레헴이며, 이곳에서 한 다스리는 자가 나와서 하나님의 백성 이스라엘의 목자가 될 것이라고 대답합니다.

7 / 동방박사의 경배와 귀국

마태복음 2 : 7-12

이에 헤롯이 가만히 박사들을 불러 별이 나타난 때를 자세히 묻고 베늘레헴으로 보내며 이르되 가서 아기에 대하여 자세히 알아보고 찾거든 내게 고하여 나도 가서 그에게 경배하게 하라 박사들이 왕의 말을 듣고 갈새 동방에서 보던 그 별이 문득 앞서 인도하여 가다가 아기 있는 곳 위에 머물러 서 있는지라 그들이 별을 보고 매우 크게 기뻐하고 기뻐하더라 집에 들어가 아기와 그의 어머니 마리아가 함께 있는 것을 보고 엎드려 아기께 경배하고 보배합을 열어 황금과 유향과 몰약을 예물로 드리니라 그들은 꿈에 헤롯에게로 돌아가지 말라 지시하심을 받아 다른 길로 고국에 돌아가니라

기도 요점

헤롯 왕이 아기 예수에 큰 관심을 보인 것처럼 동방박사들에게 베들레헴에 가서 아기를 찾으면 자기에게도 알게 하여 경배할 수 있게 하라고 부탁을 했지만, 그들이 다른 길로 고국에 돌아간 까닭은? 동방박사들이 동방에서와 베들레헴에서 별의 인도함을 받아 아기 예수께 경배하고 예물을 드릴 수 있었던 당시 상황을 상상해 보십시오.

도움의 말

헤롯이 가만히 박사들을 불러 두 가지 말을 합니다. 하나는 별이 나타난 때를 자세히 묻고 베들레헴으로 그들을 보냅니다. 다른 하나는 베들레헴에 가서 아기에 대하여 자세히 알아보고 찾게 되면, 이를 자기에게 알려주어 자기도 가서 아기에게 경배하게 하라고 말합니다. 이같은 헤롯 왕의 말을 듣고 박사들이 베들레헴으로 가는데, 동방에서 보던 그 별이 문득 앞서 인도하여 가다가 아기 있는 곳 위에 머물러섭니다. 그들이 별을 보고 매우 크게 기뻐하고 기뻐하며 집에 들어가 아기와 그의 어머니 마리아가 함께 있는 것을 봅니다. 그

들이 엎드려 아기께 경배하고 보배 합을 열어 황금과 유향과 몰약을 예물로 드립니다. 그리고 그들은 꿈에 헤롯에게로 돌아가지 말라 지시하심을 받았기 때문에 다른 길로 고국에 돌아갑니다.

8 / 애굽으로 피난하신 아기예수

마태복음 2 : 13-18

그들이 떠난 후에 주의 사자가 요셉에게 현몽하여 이르되 헤롯이 아기를 찾아 죽이려 하니 일어나 아기와 그의 어머니를 데리고 애굽으로 피하여 내가네게 이르기까지 거기 있으라 하시니 요셉이 일어나서 밤에 아기와 그의 어머니를 데리고 애굽으로 떠나가 헤롯이 죽기까지 거기 있었으니 이는 주께서 선지자를 통하여 말씀하신 바 애굽으로부터 내 아들을 불렀다 함을 이루려 하심이라 이에 헤롯이 박사들에게 속은 줄 알고 심히 노하여 사람을 보내어 베들레헴과 그 모든 지경 안에 있는 사내아이를 박사들에게 자세히 알아본 그때를 기준하여 두 살부터 그 아래로 다 죽이니 이에 선지자 예레미야를 통하여 말씀하신 바 라마에서 슬퍼하며 크게 통곡하는 소리가 들리니 라헬이 그자식을 위하여 애곡하는 것이라 그가 자식이 없으므로 위로 받기를 거절하였도다 함이 이루어졌느니라

기도 요점

주의 사자가 두 번째 요셉에게 현몽하여 지시한 말씀은? 애굽으로 아기 예수가 피난 간 후, 헤롯 왕에 의하여 베들레헴에서 일어난 일은?

도움의 말

동방박사들이 떠난 후 주의 사자가 요셉에게 현몽하여 두 가지를 지시합니다. 하나는 헤롯이 아기를 찾아 죽이려 하니 일어나 아기와 그의 어머니를 데리고 애굽으로 피하라는 지시입니다. 다른 하나는 주의 사자가 요셉에게 이르기까지 애굽에 있으라는 지시입니다. 그리하여 요셉이 일어나서 밤에 아기와 그의 어머니를 데리고 애굽으로 떠나가 헤롯이 죽기까지 거기 있었는데, 이는 호세이 11장 1절, '이스라엘이 어렸을 때에 내가 사랑하여 내 아들을 애굽에서 불러냈거늘'의 예언과 계시가 예수 그리스도의 때에 이루려 하심입니다. 이에

헤롯이 동방박사들에게 속은 줄 알고 심히 노합니다. 그 결과 베들레헴과 그 모든 지경 안에 있는 사내아이를 박사들에게 자세히 알아본 그 때를 기준하여 두 살부터 그 아래로 다 죽입니다. 이에 선지자 예레미야를 통하여 말씀하신바 이스라엘이 바벨론의 포로로 갈 때에 그 자식을 위하여 라헬이 애곡하는 것이라는 말씀이 인용됩니다. 이는 헤롯의 학정으로 살해된 베들레헴 아이들의 어머니가 흘리는 '눈물'로 그 절정을 이루게 되었음을 표현하는 말씀입니다. 그렇지만 다윗의 후손 예수가 '유대인의 왕'이 되어 이스라엘을 다스림으로 오랜 포로 생활이 끝나고 하나님께서 예레미야에게 언약해 주신 새 언약(26:28 ; 렘 31:31-34)이 온 이스라엘에 선포될 것입니다.

9 / 나사렛에 가서 사는 아기예수

마태복음 2 : 19-23

헤롯이 죽은 후에 주의 사자가 애굽에서 요셉에게 현몽하여 이르되 일어나 아기와 그의 어머니를 데리고 이스라엘 땅으로 가라 아기의 목숨을 찾던 자들이 죽었느니라 하시니 요셉이 일어나 아기와 그의 어머니를 데리고 이스라엘 땅으로 들어가니라 그러나 아켈라오가 그의 아버지 헤롯을 이어 유대의 임금 됨을 듣고 거기로 가기를 무서워하더니 꿈에 지시하심을 받아 갈릴리 지방으로 떠나가 나사렛이란 동네에 가서 사니 이는 선지자로 하신 말씀에 나사렛 사람이라 칭하리라 하심을 이루려 함이러라

기도 요점

아기 예수께서 애굽에서 이스라엘 땅으로 다시 돌아오게 된 경위는? 아기 예수께서 나사렛이란 동네에 가서 살게 된 경위는?

도움의 말

헤롯이 죽은 후, 세 번째로 애굽에서 주의 사자가 요셉에게 현몽하여 두 가지를 고지합니다. 하나는 아기 예수의 목숨을 찾던 자들이 죽었다는 고지입니다. 다른 하나는 일어나 아기와 그의 어머니를 데리고 이스라엘 땅으로 가라는 고지입니다. 그리하여 요셉이 아기와 그의 어머니를 데리고 이스라엘 땅으로 들어갑니다. 그러나 헤롯 사후 로마 황제 가이사 아구스도가 아켈라오에게 유대, 사마리아, 이두매를 주어 헤롯의 뒤를 잇게 합니다. 이와 같이 유대의 임금 되었던 아켈라오는 그의 아버지 헤롯만큼이나 폭악했다고 합니다. 이 소식을 들은 요셉이 거기로 가기를 무서워하였더니 꿈에 지시하심을 받아 갈릴리 지방으로 떠나가 나사렛이란 동네에 가서 삽니다. 당시 나사렛은 멸시 당하던 곳이었으며, 심지어는 갈릴리 사람들에게 조차 경멸당하던 곳이었다고 합니다.

10 / 회개하라 천국이 가까이 왔음을 선포하는 세례 요한

마태복음 3 : 1-3

그 때에 세례 요한이 이르러 유대 광야에서 전파하여 말하되 회개하라 천국이 가까이 왔느니라 하였으니 그는 선지자 이사야를 통하여 말씀하신 자라 일렀으되 광야에 외치는 자의 소리가 있어 이르되 너희는 주의 길을 준비하라 그가 오실 길을 곧게 하라 하였느니라

기도 요점

세례 요한이 천국이 가까이 왔다고 유대 광야에서 전파하는데, 그가 전파한 말씀의 의미는? 세례 요한을 이사야 선지자가 예언한 대로 광야에서 외치는 자로서 주의 길을 준비하고 그가 오실 길을 곧게 하는 자라고 하는데, 이 말씀의 의미는?

도움의 말

예수님과 그 가족이 나사렛에 살던 때에 세례 요한이 여리고 남쪽과 사해 서쪽 고원 지대에 걸쳐 펼쳐진 황량한 석회암의 굴곡으로 되어 있는 유대 광야에서 회개하라 천국이 가까이 왔다고 전파합니다. 여기서 '회개하라'는 것은 마음을 바꾼다는 뜻으로서 이 용어는 유대 백성들에게 여호와와 맺은 언약에로 돌아오라는 예언자의 외침입니다. 그리고 '천국이 가까이 왔다'에서 천국은 구약에 약속된 메시야 왕국에서 유래한 것이며, 이 왕국의 주된 의미는 하나님의 통치를 뜻합니다. 세례 요한은 선지자 이사야를 통하여 말씀하신 사람인데, 이사야 40장 3절에서는 광야에 외치는 자의 소리가 있어 이르되 너희는 주의 길을 준비하라 그가 오실 길을 곧게 하라고 말씀하였습니다. 이 말씀에서 약속된 주의 길을 준비하고 그 오실 길을 곧게 하여 주께서 이 땅에 오셔서 사역하시는데 모든 것을 예비하는 사람이 바로 세례 요한입니다.

11 / 세례 요한의 선언들

마태복음 3 : 4-9

이 요한은 나타털 옷을 입고 허리에 가죽 띠를 띠고 음식은 메뚜기와 석청이었더라 이 때에 예루살렘과 온 유대와 요단 강 사방에서 다 그에게 나아와 자기들의 죄를 자복하고 요단 강에서 그에게 세례를 받더니 요한이 많은 바리새인들과 사두개인들이 세례 베푸는 데로 오는 것을 보고 이르되 독사의 자식들아 누가 너희를 가르쳐 임박한 진노를 피하라 하더냐 그러므로 회개에 합당한 열매를 맺고 속으로 아브라함이 우리 조상이라고 생각하지 말라 내가 너희에게 이르노니 하나님이 능히 이 돌들로도 아브라함의 자손이 되게 하시리라

기도 요점

세례 요한이 낙타털 옷을 입고 허리에 가죽 띠를 띠고 음식을 메뚜기와 석청을 먹었는데, 이 같은 옷과 음식이 그 때 당시 의미하였던 바는? 예루살렘과 온 유대와 요단강 사방에서 다 세례요한에게 나아와 자기들의 죄를 자복하고 세례를 받는 곳으로 오는 많은 바리새인들과 사두개인들을 향하여 그가 선언한 것들은?

도움의 말

세례 요한이 낙타털 옷을 입고 허리에 가죽 띠를 띠고 음식은 메뚜기와 석청을 먹었는데, 이는 당시 하나님으로부터 보내심을 받은 선지자들이 백성들의 죄를 책망할 뿐만 아니라 그들의 죄를 대신하여 슬퍼하는 표현이었다고 합니다. 이 같은 의복과 음식을 입고 먹으면서 세례 요한은 그들에게 회개와 임박한 천국을 전합니다. 그리하여 예루살렘과 온 유대와 요단 강 사방에서 다 그에게 나아와 자기들의 죄를 자복하고 요단강에서 그에게 세례를 받습니다. 그는 종교의 지도계층인 많은 바리새인들과 정치의 지도계층인 사두개인들이 세례 베푸는 데로 오는 것을 보고 세 가지를 선언합니다. 첫째는 그들에게

독사의 자식들아 누가 너희를 가르쳐 임박한 진노를 피하라 하더냐 라는 선언입니다. 그가 그들을 이 같이 저주받은 뱀의 후예라고 선언하는 것은 위선과 기만으로 길들여진 그들을 향하여 화를 선언하는 것입니다.이는 하나님의 보냄을 받은 자로서 하나님의 권위에 근거한 화의 선포입니다. 둘째는 회개에 합당한 열매를 맺고 속으로 아브라함이 그들의 조상이라고 생각하지 말라는 선언을 합니다. 여기서 그는 임박한 진노를 피할 수 있는 길이 회개에 합당한 열매, 즉 변화된 삶을 사는 것임을 선언합니다. 셋째는 속으로 아브라함이 우리 조상이라고 생각하지 말라 왜냐하면, 하나님께서는 능히 그의 발아래에 있는 이 돌들로도 아브라함의 자손이 되게 하신다고 선언합니다. 여기서 그는 하나님의 은혜를 하찮은 돌처럼 여기는 그들에게 하나님께서는 그들이 돌처럼 하찮게 여기는 이방인들을 약속의 자녀로 만드실 것이라는 예언을 합니다.

12 / 세례 요한의 선포

마태복음 3 : 10-12

이미 도끼가 나무뿌리에 놓였으니 좋은 열매를 맺지 아니하는 나무마다 찍혀 불에 던져지리라 나는 너희로 회개하게 하기 위하여 물로 세례를 베풀거니와 내 뒤에 오시는 이는 나보다 능력이 많으시니 나는 그의 신을 들기도 감당하지 못하겠노라 그는 성령과 불로 너희에게 세례를 베푸실 것이요 손에 키를 들고 자기의 타작마당을 정하게 하사 알곡은 모아 곳간에 들이고 쭉정이는 꺼지지 않는 불에 태우시리라

기도 요점

세례 요한이 '나는 너희로 회개하게 하기 위하여 물로 세례를 베풀거니와 내 뒤에 오시는 이는 나보다 능력이 많으시니 나는 그의 신을 들기도 감당하지 못하겠노라' 라고 선포하는데, 이 선포의 의미는? '그는 성령과 불로 너희에게 세례를 베푸실 것이요 손에 키를 들고 자기의 타작마당을 정하게 하사 알곡은 모아 곳간에 들이고 쭉정이는 꺼지지 않는 불에 태우시리라'는 세례 요한의 선포가 의미하는 바는?

도움의 말

세례 요한이 네 가지를 선포합니다. 첫째는 이미 도끼가 나무뿌리에 놓여 좋은 열매를 맺지 아니하는 나무마다 찍혀 불에 던져질 것이라는 선포입니다. 이는 하나님의 뜻을 거역하는 이들에 대한 심판을 선포하는 것입니다. 사실 천국이 가까이 왔다는 선포는 심판을 선포하는 것과 불가분리의 관계이므로 세례 요한은 회개하라 천국이 가까이 왔다고 선포합니다. 둘째는 나는 너희로 회개하게 하기 위하여 물로 세례를 베풀거니와 내 뒤에 오시는 이는 나보다 능력이 많으시어 나는 그의 신을 들기도 감당하지 못한다는 선포입니다. 여기서 요한은 그의 사역은 오로지 메시야의 오심을 준비하는 선구자적 사역

에 불과하다는 것을 선포합니다. 셋째는 그는 성령과 불로 너희에게 세례를 베푸실 것이라는 선포입니다. 요한은 물세례로 눈에 보이는 죄 씻음과 그리스도와의 연합을 상징하는 신앙고백과 공식적인 의식을 베풀었던 데 비하여 자기 뒤에 오시는 이, 그리스도 예수는 불과 성령 세례로 하나님을 믿지 아니하는 눈에 보이지 않는 죄 씻음과 그리스도와 연합하게 하십니다. 즉 예수께서는 불과 성령으로 세례를 베풀어 주시므로 우리가 그리스도 안에 또한 그리스도가 우리 안에 거하십니다. 넷째는 그는 손에 키를 들고 자기의 타작마당을 정하게 하사 알곡은 모아 곳간에 들이고 쭉정이는 꺼지지 않는 불에 태우신다는 선포입니다. 여기서 타작마당에서 손에 키를 들고 계신 분은 메시야이신 그리스도 예수를 비유하고, 알곡은 이 세상의 신자를 비유하며, 쭉정이는 불신자를 비유합니다. 이는 키를 손에 드신 메시야는 타작마당으로 비유된 자신의 세상에서 신자는 구원으로 모아들이시고 불신자는 꺼지지 아니하는 불에 태우는 심판에 이르게 하십니다.

13 / 요한에게 세례를 받으시는 예수님

마태복음 3 : 13-17

이 때에 예수께서 갈릴리로부터 요단 강에 이르러 요한에게 세례를 받으려 하시니 요한이 말려 이르되 내가 당신에게서 세례를 받아야 할 터인데 당신이 내게로 오시나이까 예수께서 대답하여 이르시되 이제 허락하라 우리가 이와 같이 하여 모든 의를 이루는 것이 합당하니라 하시니 이에 요한이 허락하는지라 예수께서 세례를 받으시고 곧 물에서 올라오실새 하늘이 열리고 하나님의 성령이 비둘기 같이 내려 자기 위에 임하심을 보시더니 하늘로부터 소리가 있어 말씀하시되 이는 내 사랑하는 아들이요 내 기뻐하는 자라 하시니라

기도 요점

예수께서 갈릴리로부터 요단강에 이르시어 요한에게 세례를 받으려 하시자 이에 대한 요한의 반응은? 예수께서 세례를 받으시고 곧 물에서 올라오실 때 일어난 사건들은?

도움의 말

세례 요한이 자기 뒤에 오실 예수 그리스도를 선포하는 그 때, 예수께서 갈릴리로부터 요단강에 이르시어 그에게 세례를 받으려 하십니다. 이에 요한이 예수님을 말리면서 내가 당신에게서 세례를 받아야 할 터인데 당신이 내게로 오셔서 세례를 받으려 하시나이까? 라고 말합니다. 이 같이 말하는 요한에게 예수께서는 이제 허락하라고 하십니다. 이어서 예수께서는 요한에게 우리가 이와 같이 하여 모든 의를 이루는 것이 합당하다고 말씀하시는데, 이는 모든 사람을 위한 하나님의 의를 이루기 위함이라는 말씀입니다. 그리하여 요한이 허락하여 예수께서 세례를 받으시고 곧 물에서 올라오는데, 두 가지 사건이 있었습니다. 하나는 예수께서는 하늘이 열리고 하나님의 성령이 비둘기 같이 내려 자기 위에 임하심을 보십니다. 다른 하나는 하늘로부터 이는 내 사랑하는 아들이요 내 기뻐하는 자라는 소리가 있었습니다.

14 / 네가 하나님의 아들이면
이 돌들로 떡덩이가 되게 하라

마태복음 4 : 1-4

그 때에 예수께서 성령에게 이끌리어 마귀에게 시험을 받으러 광야로 가사 사십 일을 밤낮으로 금식하신 후에 주리신지라 시험하는 자가 예수께 나아와서 이르되 네가 만일 하나님의 아들이어든 명하여 이 돌들로 떡덩이가 되게 하라 예수께서 대답하여 이르시되 기록되었으되 사람이 떡으로만 살 것이 아니요 하나님의 입으로부터 나오는 모든 말씀으로 살 것이라 하였느니라 하시니

기도 요점

세례 받으신 예수께서 물 위에서 올라오실 때 하늘이 열리고 하나님의 성령이 비둘기 같이 내려 자기 위에 임하시는 것을 보신다. 그 때에 예수께서 성령에게 이끌리어 마귀에게 시험을 받으러 광야로 가서 사십일 밤낮 금식하여 주리셨는데, 이때 마귀로부터 받으신 첫 번째 시험은? 예수께서 첫 번째 시험을 승리하셨는데, 그 승리하는 과정을 상상해 보십시오.

도움의 말

요한으로부터 세례를 받고, 성령을 받으신 예수께서 성령에게 이끌리어 마귀에게 시험을 받으러 광야로 가시어 사십 일을 밤낮으로 금식하십니다. 여기서 마귀 또는 사단은 사람으로 하여금 하나님의 말씀을 불순종하게 하며, 하나님과 그의 나라를 대적하며, 땅 위에 어둠의 권세를 번식시키며, 또한 사람들의 파괴를 유도하는 타락한 영(靈)들의 왕입니다. 광야에서 사십 일을 금식하신 예수님께 그 시험하는 자가 나아와서 네가 만일 하나님의 아들이어든 명하여 이 돌들로 떡덩이가 되게 하라고 말합니다. 여기서 마귀는 예수님께서 지닌 메시야적 권능을 메시야직의 수행보다는 금식으로 인하여 굶주린 배를 위한 떡을 만드는데 사용하도록 시험합니다. 그러자 예수께서는 사람이 떡으로만 살 것이 아니요 사람에게 영원한 생명을 주시는 기록된 하나님의 말씀으로 살 것이라고 대답하십니다.

15 / 하나님의 아들이어든
성전 꼭대기에서 뛰어내리라

마태복음 4 : 5-7

이에 마귀가 예수를 거룩한 성으로 데려다가 성전 꼭대기에 세우고 이르되 네가 만일 하나님의 아들이어든 뛰어내리라 기록되었으되 그가 너를 위하여 그의 사자들을 명하시리니 그들이 손으로 너를 받들어 발이 돌에 부딪치지 않게 하리로다 하였느니라 예수께서 이르시되 또 기록되었으되 주 너의 하나님을 시험하지 말라 하였느니라 하시니

기도 요점

두 번째로 마귀가 예수님을 거룩한 성, 예루살렘으로 데려다가 성전 꼭대기에서 하나님의 말씀으로 예수님을 시험한 말은? 이 마귀의 시험에 직면하신 예수님께서 하나님의 말씀으로 승리하시는데, 그 말씀은 무엇이며, 그 말씀의 의미는?

도움의 말

마귀가 예수님을 거룩한 성, 예루살렘으로 데려다가 성전 꼭대기에 세웁니다. 마귀가 예수님을 해발 750m 고지에 세워진 예루살렘의 성전 꼭대기에 세우고 네가 만일 하나님의 아들이어든 뛰어내리라고 말합니다. 마귀는 여기서 예수께서 하나님의 아들이심과 그 아들이 신뢰하는 하나님의 보호에 대하여 기록된 말씀, 시편 91편 11-12절의 말씀을 인용하면서 시험을 시도합니다. 즉 마귀는 예수님을 향하여 하나님 아버지가 아들인 너를 위하여 그의 사자들을 명하시어 그들이 손으로 너를 받들어 발이 돌에 부딪치지 않게 하리라 하였다는 말씀을 인용합니다. 이 역시 하나님의 말씀으로 하나님의 아들이신 예수님을 시험에 들게 하려는 의도입니다. 마귀의 이러한 의도를 다 아시는 예수께서 또 기록된 말씀, 신명기 6장 16절, 주 너의 하나님을 시험하지 말

라 하였다는 말씀으로 응수하십니다. 이는 하나님이 보호하신다는 약속된 말씀의 증거로 하나님께 기적과 표적을 요구하는 것은 잘못된 일이며, 하나님의 아들인 예수님은 아버지께서 보호하신다는 그 약속의 말씀 모두를 신뢰할 뿐이라고 말씀하십니다.

---

16 / 마귀는 예수를 떠나고
천사들이 나아와 수종 들다

마태복음 4 : 8-11

마귀가 또 그를 데리고 지극히 높은 산으로 가서 천하만국과 그 영광을 보여 이르되 만일 내게 엎드려 경배하면 이 모든 것을 네게 주리라 이에 예수께서 말씀하시되 사탄아 물러가라 기록되었으되 주 너의 하나님께 경배하고 다만 그를 섬기라 하였느니라 이에 마귀는 예수를 떠나고 천사들이 나아와서 수종드니라

기도 요점

마귀가 또 예수님을 데리고 지극히 높은 산으로 가서 천하만국과 그 영광을 보이면서 만일 내게 엎드려 경배하면 이 모든 것을 네게 주리라고 말하는데, 이 시험이 의미하는 바는? 예수께서는 마귀로부터 받으신 세 가지 시험 모두를 하나님말씀으로 물리치시자, 마귀가 예수님을 떠나고 천사들이 나아와서 예수님을 수종 드는데, 이 말씀이 우리에게 주는 의미는?

도움의 말

마귀가 또 예수님을 데리고 지극히 높은 산으로 가서 천하만국과 그 영광을 보여 주면서 만일 내게 엎드려 경배하면 이 모든 것을 네게 준다고 말합니다. 마귀는 마치 천하만국의 소유자인 것처럼 자기에게 엎드려 경배하면 그 통치권을 예수께 주겠다고 말합니다. 이에 예수께서 사탄아 물러가라고 명령하신다. 예수께서는 여기서 더 이상 사단과의 교류나 타협을 용납하지 않으신다는 결연의 말씀을 하시면서 신명기 6장 13절, '네 하나님 여호와를 경외하며 그를 섬기며 그의 이름으로 맹세할 것이니라'는 말씀을 인용하십니다. 이 같이 예수께서 세 번째 마귀의 시험에 대응하여 이르시기를 기록되었으되 주 너의 하나님께 경배하고 다만 그를 섬기라 하였느니라는 말씀을 하시자, 마귀는 예수를 떠납니다. 이와 같이하여 예수께서 마귀의 세 가지 시험 모두를 물리치시자 천사들이 나아와서 예수님을 수종 듭니다.

17 / 예수님 사역의 시작

마태복음 4 : 12-17

예수께서 요한이 잡혔음을 들으시고 갈릴리로 물러가셨다가 나사렛을 떠나 스불론과 납달리 지경 해변에 있는 가버나움에 가서 사시니 이는 선지자 이사야를 통하여 하신 말씀을 이루려 하심이라 일렀으되 스불론 땅과 납달리 땅과 요단 강 저편 해변 길과 이방의 갈릴리여 흑암에 앉은 백성이 큰 빛을 보았고 사망의 땅과 그늘에 앉은 자들에게 빛이 비치었도다 하였느니라 이 때부터 예수께서 비로소 전파하여 이르시되 회개하라 천국이 가까이 왔느니라 하시더라

기도 요점

예수님의 사역이 시작된 때는? 예수께서 요한이 잡혔음을 들으시고 갈릴리로 물러가셨다가 나사렛을 떠나 스불론과 납달리 지경 해변에 있는 가버나움에 가서 사시는데, 이는 무엇을 의미합니까? 예수께서 '회개하라 천국이 가까이 왔느니라.'를 전파하시면서 사역이 시작되는데, 전파된 이 말씀의 의미는?

도움의 말

요한이 잡혔음을 들으시고 갈릴리로 물러가셨다가 나사렛을 떠나 스불론과 납달리 지경 해변, 즉 갈릴리 바다 북서해안에 있는 가버나움에 가서 사십니다. 이는 이사야 9장 1-2절의 말씀, '전에 고통 받던 자들에게는 흑암이 없으리로다 옛적에는 여호와께서 스불론 땅과 납달리 땅이 멸시를 당하게 하셨더니 후에는 해변 길과 요단 저쪽 이방의 갈릴리를 영화롭게 하셨느니라.'는 말씀을 이루려합니다. 그리하여 흑암에 행하던 갈릴리 지역의 백성이 큰 빛이신 예수님을 보고, 사망의 그늘진 땅에 거주하던 자들에게 빛이 비치게 됩니다. 이와 같이하여 예수님의 사역은 세례요한이 투옥 된 후부터 회개하라 천국이 가까이 왔다고 전파하심으로 시작되었고, 이사야의 예언대로 예수님 자신이 메시야로서 이방의 갈릴리에 큰 빛을 비추신다는 사실과 연결됩니다.

18 / 나를 따라오라

마태복음 4 : 18-22

갈릴리 해변에 다니시다가 두 형제 곧 베드로라 하는 시몬과 그의 형제 안드레가 바다에 그물 던지는 것을 보시니 그들은 어부라 말씀하시되 나를 따라오라 내가 너희를 사람을 낚는 어부가 되게 하리라 하시니 그들이 곧 그물을 버려두고 예수를 따르니라 거기서 더 가시다가 다른 두 형제 곧 세베대의 아들 야고보와 그의 형제 요한이 그의 아버지 세베대와 함께 배에서 그물 깁는 것을 보시고 부르시니 그들이 곧 배와 아버지를 버려 두고 예수를 따르니라

기도 요점

예수께서 갈릴리 지역에서 사역을 시작하시면서 그곳에서 어부로 생계를 유지하는 베드로와 그의 형제 안드레가 바다에 그물을 던지는 것을 보시고 '나를 따라오라'고 말씀하시고, 또한 거기서 더 가시다가 다른 두 형제 곧 세베대의 아들 야고보와 그의 형제 요한이 그의 아버지 세베대와 함께 배에서 그물 깁는 것을 보시고 부르신다. 이때 예수님의 부르심을 입은 그들의 반응은? '나를 따라오라'는 예수님의 부르심의 의미는?

도움의 말

신약시대에 갈릴리 바다로 불렀던 그 해변에 예수께서 다니시다가 두 형제 곧 베드로라 하는 시몬과 그의 형제 안드레를 보신다. 어부였던 그 둘이 그 바다에 그물 던지는 것을 보신 예수께서 그들에게 나를 따라오라 내가 너희를 사람을 낚는 어부가 되게 하리라고 말씀하십니다. 여기서 '나를 따라오라'는 말씀은 예수님이 사역하시는 동안 육체적으로 좇으라는 것을 전제합니다. 그렇지만 이 말씀은 예수께서 수행하시는 사역 모두를 육체적으로 좇으라는 의미만은 아닙니다. '나를 따라오라'는 이 말씀은 예수님의 부르심을 입은 그 사람들의 삶의 방법 및 목적 등 모두를 청산하고 오로지 예수님만을 그들의 삶

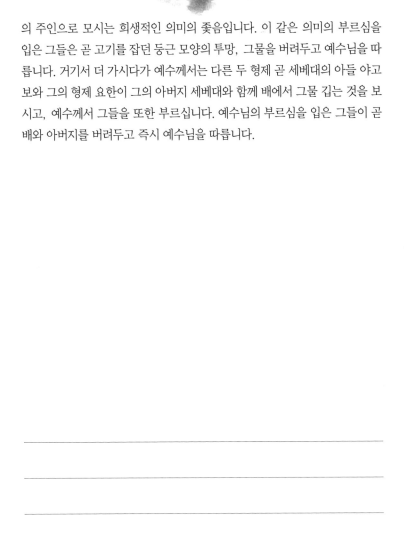

의 주인으로 모시는 희생적인 의미의 좇음입니다. 이 같은 의미의 부르심을 입은 그들은 곧 고기를 잡던 둥근 모양의 투망, 그물을 버려두고 예수님을 따릅니다. 거기서 더 가시다가 예수께서는 다른 두 형제 곧 세베대의 아들 야고보와 그의 형제 요한이 그의 아버지 세베대와 함께 배에서 그물 깁는 것을 보시고, 예수께서 그들을 또한 부르십니다. 예수님의 부르심을 입은 그들이 곧 배와 아버지를 버려두고 즉시 예수님을 따릅니다.

19 / 가르치시며 전파하시며 고치시는 예수님

마태복음 4 : 23-25

예수께서 온 갈릴리에 두루 다니사 그늘의 회당에서 가르치시며 천국 복음을 전파하시며 백성 중의 모든 병과 모든 약한 것을 고치시니 그의 소문이 온 수리아에 퍼진지라 사람들이 모든 앓는 자 곧 각종 병에 걸려서 고통 당하는 자, 귀신 들린 자, 간질하는 자, 중풍병자들을 데려오니 그들을 고치시더라 갈릴리와 데가볼리와 예루살렘과 유대와 요단 강 건너편에서 수많은 무리가 따르니라

기도 요점

예수께서 가르치시며 전파하시며 고치시는 사역을 수행한 지역과 수행한 장소는? 예수께서 전파하신 내용은? 예수께서 수행하신 치유사역의 소문이 온 수리아에 퍼지게 되어 일어난 일은?

도움의 말

예수님 당시 갈릴리는 동쪽에는 요단강과 갈릴리 바다, 서쪽은 지중해, 남쪽은 사마리아, 서북쪽은 베니게로 둘러싸여 남북이 약 80km, 동서가 약 45km정도의 작은 지역입니다. 예수께서 이 같은 온 갈릴리에 두루 다니시며 수행하신 사역은 회당에서 수행됩니다. 예수 당시 유대인들이 거주하였던 크고 작은 곳, 그 어디에나 회당이 건립되어 있었다고 합니다. 이곳에서 예수께서는 가르치시는 사역, 천국 복음의 전파사역과 또한 백성 중의 모든 병과 모든 약한 것을 고치시는 치유사역을 하십니다. 이러한 예수님의 사역의 소문이 갈릴리를 제외한 유대 북쪽의 팔레스틴 전체를 포함하는 큰 지역이었던 온 수리아에 퍼지게 됨으로 인하여 사람들이 모든 앓는 자를 예수께로 데려오니 그들을 고치십니다. 여기서 모든 앓는 자란 각종 병에 걸려서 고통당하는 자를 칭하는데, 구체적으로 이들은 귀신 들린 자, 간질 하는 자, 중풍병자들입니다. 이와 같이하여 갈릴리와 데가볼리와 예루살렘과 유대와 요단 강 건너편에서 수많은 무리가 예수님을 따릅니다.

20 / 심령이 가난한 자의 복

마태복음 5 : 1-3

예수께서 무리를 보시고 산에 올라가 앉으시니 제자들이 나아온지라 입을 열어 가르쳐 이르시되 심령이 가난한 자는 복이 있나니 천국이 그들의 것임이요

기도 요점

심령이 가난한 자란? 심령이 가난한 자는 복이 있나니 천국이 그들의 것이라는 예수님의 가르침의 의미는?

도움의 말

예수께서는 자신을 따르는 무리를 보시고 산에 올라가 앉으시는데, 이는 유대 랍비들의 교수방법이었다고 합니다. 이에 제자들이 나아온지라 예수께서 입을 열어 천국복음의 내용을 가르치십니다. 그리하여 마태복음 5-7장을 산상수훈이라고 합니다. 예수께서 심령이 가난한 자는 복이 있나니 천국이 그들의 것임이라고 말씀하십니다. 심령이 가난하다는 것은 용기가 없거나 혹은 물질적으로 궁핍한 것 이상의 의미입니다. 심령이 가난한 자는 심령이 겸손하고 회개하는 자와 관련된 것으로서 자신의 영적 파탄을 분명하게 감지하고 하나님 앞에 선 자신의 빈약하고 가난함을 인정하는 사람입니다. 그리하여 심령이 가난한 자는 오로지 하나님만을 의지하는 사람입니다. 이 같은 의미의 심령이 가난한 자는 천국이 그들의 것입니다. 즉 심령이 가난한 자는 하나님의 긍휼히 여기심을 입어 메시야의 다스리심을 누리는 사람입니다. 뿐만 아니라 메시야가 주시는 복을 받는데, 이는 현세에서 누리는 하나님의 백성으로서의 특권과 내세에서의 영생에 이르는 복 모두입니다.

21 / 애통하고 온유하며
의에 주리고 목마른 자의 복

마태복음 5 : 4-6

애통하는 자는 복이 있나니 그들이 위로를 받을 것임이요 온유한 자는 복이 있나니 그들이 땅을 기업으로 받을 것임이요 의에 주리고 목마른 자는 복이 있나니 그들이 배부를 것임이요

기도 요점

자신의 죄를 애통해 본 경험을 있었다면, 그 경험을 회상해 보십시오. 온유한 자란? 온유한 자가 받은 복은? 의에 주리고 목마른 자가 받는 복이 배부름인데, 여기서 말하는 목마름과 배부름의 의미는?

도움의 말

애통하는 자는 자신의 죄를 탄식하며 깊이 슬퍼하는 사람인데, 이 같은 사람은 자기 자신의 죄로 인하여 하나님으로부터 소외되어 있는 자신의 상태자체를 애통해 합니다. 이처럼 자신의 죄를 애통하며 회개하는 자는 자비로우신 하나님의 위로를 받습니다. 또한 온유한 자란 어떤 역경과 고통 속에서도 하나님의 돌보심을 끝까지 믿고 의지하며 오래 참고 인내하는 사람인데, 이 같은 사람의 복은 땅을 기업으로 받습니다. 하나님나라의 기업은 이처럼 온유하여 하나님의 뜻에 순종하는 자에게 주어지므로 이들은 하늘의 축복과 땅의 축복 모두를 소유하며 마지막 날에 그리스도와 함께 하나님나라를 상속하게 될 것입니다. 그리고 의에 주리고 목마른 자는 하나님의 말씀을 듣지 못하므로 말미암아 갈급하게 영적으로 목 말라하는 사람인데, 이 같은 사람의 복은 배부름의 복입니다. 그리스도께서 이처럼 의에 주리고 목마른 자의 목자가 되시어 영생의 생명수와 하늘 양식으로 그들을 충만하게 채워주시기 때문에 그들은 배부를 것입니다.

22 / 긍휼히 여기고, 마음이 청결하고, 화평케 하는 자의 복

마태복음 5 : 7-9

긍휼히 여기는 자는 복이 있나니 그들이 긍휼히 여김을 받을 것임이요 마음이 청결한 자는 복이 있나니 그들이 하나님을 볼 것임이요 화평하게 하는 자는 복이 있나니 그들이 하나님의 아들이라 일컬음을 받을 것임이요

기도 요점

긍휼히 여긴다는 말의 의미는? 긍휼히 여기는 자가 받는 복은? 마음이 청결한 자란? 마음이 청결한 자가 받는 복은? 화평하게 하는 자란? 화평하게 하는 자가 받는 복은?

도움의 말

긍휼이란 자비에서 파생된 용어라고 합니다. 이런 의미에서 긍휼히 여기는 자는 죄를 용서해 주는 것과 고통을 당하는 자와 궁핍한 자에게 자비를 베푸는 사람인데, 그가 받는 복은 하나님으로부터 긍휼히 여김을 받는 것입니다. 또한 마음이 청결한 자란 감정이나 사고의 중심인 마음이 청결하여 탐욕으로부터 해방되어 내적으로 청결한 사람을 지칭합니다. 이 같이 청결한 자란 그리스도 예수의 십자가의 은혜로 죄 사함을 받은 신실한 하나님의 백성으로 삶을 사는 사람입니다. 이러한 사람은 하나님을 볼 수 있는 복을 누리는데, 이는 경험을 통하여 하나님을 본다는 말씀입니다. 그리고 화평하게 하는 자란 화평을 만들어 가는 사람입니다. 여기서 말하는 화평은 자기 자신과의 화평, 다른 사람들과의 화평, 또한 국가 간의 평화를 의미하기도 하지만, 근본적으로 하나님과의 화평을 강조합니다. 왜냐하면, 하나님과 화평하지 않은 사람은 자신을 포함하여 다른 이들과의 평화를 누릴 수 없기 때문입니다. 이러한 사람의 복은 하나님의 아들이라 일컬음을 받는 것입니다.

23 / 의를 위하여 박해를 받은 자와
예수로 말미암아 박해받은 자의 복은?

마태복음 5 : 10-12

의를 위하여 박해를 받은 자는 복이 있나니 천국이 그들의 것임이라 나로 말
미암아 너희를 욕하고 박해하고 거짓으로 너희를 거슬러 모든 악한 말을 할
때에는 너희에게 복이 있나니 기뻐하고 즐거워하라 하늘에서 너희의 상이 큼
이라 너희 전에 있던 선지자들도 이같이 박해하였느니라

기도 요점

의를 위하여 박해를 받는 자란? 이러한 사람들이 받는 복은? 예수께서 제자
들에게 나로 말미암아 너희를 욕하고 박해하고 거짓으로 너희를 거슬러 모든
악한 말을 할 때에는 너희에게 복이 있나니 기뻐하고 즐거워하라 하늘에서 너
희의 상이 큼이라고 말씀하시는데, 의를 위하여 박해를 받는 자와 예수로 말
미암아 박해받고 모든 악한 말을 듣는 것과의 관계는?

도움의 말

의를 위하여 박해를 받은 자란 하나님의 말씀을 지키거나, 하나님 나라의 복
음을 증언하는 일로 인하여 박해와 고통을 받는 사람들을 지칭합니다. 이러
한 사람들의 복은 천국을 소유하는 것입니다. 하나님을 믿고 이를 증언하는
일로 말미암아 박해를 받으면서도 하나님의 은혜로 흔들리지 않는 사람의 복
은 첫 번째 심령이 가난한 자의 복처럼 천국이 그들의 것입니다. 이와 같이 팔
복의 말씀은 천국의 소유로 시작되고 천국의 소유로 끝맺습니다. 이 같이 심
령이 가난한 자와 의를 위하여 핍박을 받는 자는 가난과 핍박과 박해를 받더
라도 천국의 소유로 인하여 그들은 보충됩니다. 예수께서 10절에서는 의를
인하여 박해 받은 것을 말씀하셨으나 11절에서는 제자들에게 나로 말미암아
너희를 욕하고 박해하고 거짓으로 너희를 거슬러 모든 악한 말을 할 때에는

너희에게 복이 있다고 말씀하십니다. 이는 의를 위하여 박해받는 것이 바로 예수로 말미암아 박해받는 것임을 말씀해 주시면서 이러한 박해와 악한 말을 할 때에 기뻐하고 즐거워하라 하늘에서 너희의 상이 크다고 말씀하십니다. 그리고 이어서 예수께서는 제자들에게 너희 전에 있던 선지자들도 이같이 박해하였다고 말씀해 주십니다.

24 / 소금과 등불비유

마태복음 5 : 13-16

너희는 세상의 소금이니 소금이 만일 그 맛을 잃으면 무엇으로 짜게 하리요 후에는 아무 쓸 데 없어 다만 밖에 버려져 사람에게 밟힐 뿐이니라 너희는 세상의 빛이라 산 위에 있는 동네가 숨겨지지 못할 것이요 사람이 등불을 켜서 말 아래에 두지 아니하고 등경 위에 두나니 이러므로 집 안 모든 사람에게 비치느니라 이같이 너희 빛이 사람 앞에 비치게 하여 그들로 너희 착한 행실을 보고 하늘에 계신 너희 아버지께 영광을 돌리게 하라

기도 요점

예수께서 제자들에게 너희는 세상의 소금이라는 비유를 말씀하시는데, 이 비유를 통하여 주시는 말씀은? 또한 예수께서 제자들에게 너희는 세상의 빛이라는 비유를 말씀하시는데, 이 비유를 통하여 주시는 말씀은? 예수께서 제자들에게 하나님 아버지께 영광을 돌릴 수 있는 길을 가르쳐주셨는데, 그 길은?

도움의 말

예수께서 제자들에게 두 가지 비유를 말씀하십니다. 하나는 너희는 세상의 소금이라는 비유입니다. 이는 그들이 이 땅에서 천국의 규범을 따라 삶으로써 세상의 방부제 역할을 하라는 말씀입니다. 이어서 예수께서 만일 소금이 그 맛을 잃으면 무엇으로 짜게 할 수 있느냐고 하시는데, 이는 세상의 방부제 역할을 하지 못할 경우 그들은 천국백성으로서의 맛을 잃게 된다는 말씀입니다. 이 같이 천국백성으로서의 맛을 잃게 될 경우, 그들은 아무 쓸데가 없어 다만 밖에 버려져 사람에게 밟힐 뿐입니다. 다른 하나는 너희는 세상의 빛이라는 비유입니다. 빛으로 세상에 오신 예수께서 제자들을 향하여 세상의 빛이라고 말씀하시면서 산 위에 있는 동네가 숨겨지지 못할 것이요 사람이 등불을 켜서 말 아래에 두지 아니하고 등경 위에 두나니 이러므로 집 안 모든 사람에

게 비친다고 하십니다. 이는 천국백성인 예수의 제자들은 그리스도 예수님의 빛을 세상에 비추는 역할을 한다는 말씀입니다. 이어서 예수께서는 제자들에게 너희 빛이 사람 앞에 비치게 하여 그들로 너희 착한 행실을 보고 하늘에 계신 너희 아버지께 영광을 돌리게 하라고 명하십니다.

25 / 내가 온 것은
율법을 완전하게 하려 함이라

마태복음 5 : 17-20

내가 율법이나 선지자를 폐하러 온 줄로 생각하지 말라 폐하러 온 것이 아니요 완전하게 하려 함이라 진실로 너희에게 이르노니 천지가 없어지기 전에는 율법의 일점일획도 결코 없어지지 아니하고 다 이루리라 그러므로 누구든지 이 계명 중의 지극히 작은 것 하나라도 버리고 또 그같이 사람을 가르치는 자는 천국에서 지극히 작다 일컬음을 받을 것이요 누구든지 이를 행하며 가르치는 자는 천국에서 크다 일컬음을 받으리라 내가 너희에게 이르노니 너희 의가 서기관과 바리새인보다 더 낫지 못하면 결코 천국에 들어가지 못하리라

기도 요점

예수께서 이 땅에 오신 목적은? 천국에서 작은 자와 큰 자는 누구인가? 주를 따르는 제자들 가운데 천국에 들어가지 못하는 자와 천국에 들어가는 자는 누구인가?

도움의 말

예수께서 자신이 온 것은 율법이나 선지자를 완전하게 하려 함이라고 말씀하십니다. 여기서 율법과 선지자는 구약성경 전체를 의미합니다. 이는 예수께서 이 땅에 오신 것은 율법의 목적과 그 온전한 뜻을 완전히 드러내 보이시려 오셨다는 말씀입니다. 이런 의미에서 예수께서는 제자들에게 천지가 없어지기 전에는 율법의 일점일획도 결코 없어지지 아니하고 다 이루어진다고 말씀하시는데, 여기서 우리는 두 가지 예수님의 말씀을 들을 수 있습니다. 하나는 세상 종말까지는 율법과 선지자는 없어지지 아니한다는 말씀이고, 다른 하나는 율법은 예수님의 가르침과 행위에서 이뤄진다는 말씀입니다. 이 말씀에 이어 예수께서는 제자들에게 천국에서 작은 자와 큰 자, 그리고 천국에 들

어가지 못하는 자에 관한 가르침을 주신다. 천국에서 작은 자는 이 계명 중의 지극히 작은 것 하나라도 버리고 또 그같이 사람을 가르치는 자이며, 천국에서 큰 자는 이를 행하며 가르치는 자입니다. 그리고 주를 따르는 제자들 가운데 천국에 들어가지 못하는 자는 그들의 의가 서기관과 바리새인보다 더 낫지 못할 경우입니다. 다른 말로 표현하면, 이 말씀은 이 계명을 가르칠 뿐만 아니라 이 계명을 지켜 행하는 자라야 천국에 들어 갈수 있다는 말씀입니다.

26 / 노하지 말라

마태복음 5 : 21-26

옛 사람에게 말한 바 살인하지 말라 누구든지 살인하면 심판을 받게 되리라 하였다는 것을 너희가 들었으나 나는 너희에게 이르노니 형제에게 노하는 자마다 심판을 받게 되고 형제를 대하여 라가라 하는 자는 공회에 잡혀가게 되고 미련한 놈이라 하는 자는 지옥 불에 들어가게 되리라 그러므로 예물을 제단에 드리려다가 거기서 네 형제에게 원망들을 만한 일이 있는 것이 생각나거든 예물을 제단 앞에 두고 먼저 가서 형제와 화목하고 그 후에 와서 예물을 드리라 너를 고발하는 자와 함께 길에 있을 때에 급히 사화하라 그 고발하는 자가 너를 재판관에게 내어 주고 재판관이 옥리에게 내어 주어 옥에 가둘까 염려하라 진실로 네게 이르노니 네가 한 푼이라도 남김이 없이 다 갚기 전에는 결코 거기서 나오지 못하리라

기도 요점

노하지 말라는 가르침과 관련하여 예수께서 제자들에게 가르쳐주신 세 단계의 가르침은? 예수께서 제자들에게 예물을 제단에 드리려다가 거기서 네 형제에게 원망들을 만한 일이 있는 것이 생각나거든 예물을 제단 앞에 두고 먼저 가서 형제와 화목하고 그 후에 와서 예물을 드리라고 말씀하시는데, 이 말씀의 의미는?

도움의 말

하나님으로부터 모세의 율법을 받은 시내산 세대에게 살인하지 말라 누구든지 살인하면 심판을 받게 되리라 하였다는 것을 들었던 당시 유대인들에게 예수께서는 '노하지 말라'는 가르침을 세 단계로 나눠서 가르치십니다. 첫 번째 단계는 형제에게 노하는 자마다 심판을 받게 된다는 가르침입니다. 이는 사람이 살인을 하게 되는 근본적인 원인은 그의 분노에서부터 나오게 되므로

형제에게 분노하는 자는 원리적인 면에서 살인하는 것이라고 예수께서 가르치십니다. 두 번째 단계는 형제에게 대하여 라가라 하는 자는 공회에 잡혀가게 된다는 가르침입니다. '라가'란 아람어에서 유래된 말로 경멸과 조롱의 표현으로서 무가치한 자 혹은 머리가 빈 녀석이라는 의미인데, 형제에게 이 같은 의미로 말하면서 분노하는 자는 유대인들의 최고 의결 기관인 산헤드린 공회에 잡혀가게 된다는 가르침입니다. 세 번째 단계는 형제에게 미련한 놈이라 하는 자는 지옥 불에 들어가게 된다는 가르침입니다. 여기서 '미련한'이라는 말은 도덕적 배신, 반란, 악이라는 의미를 갖기 때문에 미련한 놈이란 추악한 사람을 지칭합니다. 형제에게 이 같은 의미로 분노하는 사람은 지옥 불에 들어간다고 가르칩니다. 지옥불은 문자적으로 '불붙은 게엔나'라는 히브리어 힌놈의 골짜기에서 나온 것인데, 이곳은 예루살렘 남쪽에 있는 골짜기라고 합니다. 이곳이 옛날에는 이방신 몰록(Moloch)과 또한 혐오감을 불러일으키는 몰록 제사 의식과 관련된 장소였다고 합니다. 그러므로 예수께서는 예물을 제단에 드리려다가 거기서 네 형제에게 원망들을 만한 일이 있는 것이 생각나거든 예물을 제단 앞에 두고 먼저 가서 형제와 화목하고 그 후에 와서 예물을 드리라고 가르치십니다. 이는 하나님을 예배하는 자는 하나님과의 관계만을 생각할 것이 아니라 반드시 다른 사람들과의 관계에도 힘을 쏟아야 된다는 가르침입니다.

27 / 간음하지 말라

마태복음 5 : 27-32

또 간음하지 말라 하였다는 것을 너희가 들었으나 나는 너희에게 이르노니 음욕을 품고 여자를 보는 자마다 마음에 이미 간음하였느니라 만일 네 오른 눈이 너로 실족하게 하거든 빼어 내버리라 네 백체 중 하나가 없어지고 온 몸이 지옥에 던져지지 않는 것이 유익하며 또한 만일 네 오른손이 너로 실족하게 하거든 찍어 내버리라 네 백체 중 하나가 없어지고 온 몸이 지옥에 던져지지 않는 것이 유익하니라 또 일렀으되 누구든지 아내를 버리려거든 이혼 증서를 줄 것이라 하였으나 나는 너희에게 이르노니 누구든지 음행한 이유 없이 아내를 버리면 이는 그로 간음하게 함이요 또 누구든지 버림받은 여자에게 장가드는 자도 간음함이니라

기도 요점

예수께서 제자들에게 '간음하지 말라 하였다는 것을 너희가 들었으나 나는 너희에게 이르노니 음욕을 품고 여자를 보는 자마다 마음에 이미 간음하였느니라.'고 말씀하시는데, 이 말씀과 예수님 당시 간음에 대한 유대풍습과의 차이는? '누구든지 아내를 버리려거든 이혼 증서를 줄 것이라 하였으나 나는 너희에게 이르노니 누구든지 음행한 이유 없이 아내를 버리면 이는 그로 간음하게 함이요 또 누구든지 버림받은 여자에게 장가 드는 자도 간음함이니라.'는 말씀의 의미는?

도움의 말

간음이란 남의 아내를 범하는 것인데, 예수님께서는 음욕을 품고 여자를 보는 자마다 마음에 이미 간음하였다고 말씀하십니다. 예수께서는 간음을 결혼이나 혹은 약혼한 여자와만 국한시키시지 않고 모든 부녀자에게로 확대시켜 제자들에게 가르치신다. 즉 간음행위 이전에 여자를 보고 음욕을 품는 것 자

체가 이미 간음이라고 가르치시는데, 이는 당시 유대사회에서 새로운 차원의
온전한 순결을 지향하는 가르침입니다. 이 가르침에 이어 예수께서는 만일 네
오른 눈이 너로 실족하게 하거든 빼어 내버리라 네 백체 중 하나가 없어지고
온 몸이 지옥에 던져지지 않는 것이 유익하다고 가르치십니다. 이는 눈이 우
리로 하여금 죄 짓는 유혹으로 이끌고 가 범죄 하게 하거나 혹은 다른 사람의
길을 방해한다면, 눈을 빼어 없게 하는 것이 낫다는 말씀입니다. 예수님의 이
러한 가르침은 우리 백체 중 눈 하나 없이 온 몸이 지옥에 던져지지 않는 것이
유익하다는 가르침입니다. 또한 예수께서 제자들에게 만일 네 오른손이 너로
실족하게 하거든 찍어 내버리라 네 백체 중 하나가 없어지고 온 몸이 지옥에
던져지지 않는 것이 유익하다는 가르침을 덧붙여 말씀하십니다.

간음과 관련하여 예수님은 이혼과 관련된 가르침을 또 말씀하십니다. 당시 유
대인들에게 있어서 누구든지 아내를 버리려면 이혼 증서를 주었는데, 이는 아
내의 수치스러운 일과 관련된 이혼 법령입니다. 이 법령은 신명기 24장 1절,
'사람이 아내를 맞이하여 데려온 후에 그에게 수치 되는 일이 있음을 발견하
고 그를 기뻐하지 아니하면 이혼 증서를 써서 그의 손에 주고 그를 자기 집에
서 내보낼 것이요'라는 말씀에 의한 법령입니다. 그러나 예수님께서는 누구든
지 음행한 이유 없이 아내를 버리면 이는 그로 간음하게 함이라고 가르치십니
다. 음욕을 품는 것이 도덕적으로 볼 때 간음과 같은 것이라고 지적하신 예수
님께서 여기서는 부정한 일을 저지를 확실한 사실이 없는 아내와의 이혼은 간
음 하게하는 죄악이며, 또한 누구든지 버림받은 여자에게 장가 드는 자도 똑
같이 간음하는 것이라고 가르치십니다.

28 / 맹세하지 말라

마태복음 5 : 33-37

또 옛 사람에게 말한 바 헛 맹세를 하지 말고 네 맹세한 것을 주께 지키라 하였다는 것을 너희가 들었으나 나는 너희에게 이르노니 도무지 맹세하지 말지니 하늘로도 하지 말라 이는 하나님의 보좌임이요 땅으로도 하지 말라 이는 하나님의 발등상임이요 예루살렘으로도 하지 말라 이는 큰 임금의 성임이요 네 머리로도 하지 말라 이는 네가 한 터럭도 희고 검게 할 수 없음이라 오직 너희 말은 옳다 옳다, 아니라 아니라 하라 이에서 지나는 것은 2)악으로부터 나느니라

기도 요점

맹세와 관련하여 예수께서 제자들에게 도무지 맹세하지 말라고 하시는데, 그 이유는? 구체적으로 예수께서 제자들에게 하늘로도, 땅으로도, 예루살렘으로도, 우리의 머리로도 맹세하지 말라고 하시는데, 그 까닭은? 예수께서 하나님나라의 백성인 우리에게 오직 너희 말은 옳다 옳다 아니라 아니라 하라고 하시는데, 그 이유는?

도움의 말

예수께서는 맹세와 관련하여 새로운 가르침을 제자들에게 가르치십니다. 옛 사람에게 말한 바는 헛맹세를 하지 말고 네 맹세한 것을 주께 지키라는 것을 당시 제자들이 다 알고 있지만, 예수께서는 그들에게 나는 너희에게 이르노니 도무지 맹세하지 말라고 가르치십니다. 이는 절대로 맹세하지 말라는 말씀인데, 여기서 예수께서 강조하시는 것은 당시 유대인들이 습관적으로 진실하지 못한 형식적인 맹세를 하지 말라는 교훈입니다.

예수께서는 하나님의 나라 백성들에게 다음 네 가지로 맹세하지 말라고 가르치십니다. 첫째는 하늘로도 맹세하지 말라 하시는데, 그 이유는 하늘은 하나님의 보좌이기 때문입니다. 하늘은 본래 하나님께서 창조하신 창조물이므로

하늘로 맹세하는 것은 곧 그 창조물의 주인이신 하나님께 맹세하는 것이 됩니다. 둘째는 땅으로도 맹세하지 말라 하시는데, 그 이유는 땅은 하나님의 발등상이기 때문입니다. 이사야 66장 1절에 보면, 절대주권의 하나님께서 '하늘은 나의 보좌요 땅은 나의 발판이니 너희가 나를 위하여 무슨 집을 지으랴 내가 안식할 처소가 어디랴'라고 말씀하십니다. 이는 하늘의 보좌에서 통치하시는 하나님의 권위를 드러내는 말씀입니다. 이 같은 권위를 지으신 하나님은 땅을 하나님의 발등상으로 삼으시고 통치하십니다. 그러므로 이에 적절하지 않게 습관적으로 거짓된 맹세를 땅으로 절대로 하지 말라고 예수께서 제자들에게 교훈하십니다. 셋째는 예루살렘으로도 맹세하지 말라 하시는데, 그 이유는 예루살렘은 큰 임금의 성이기 때문입니다. 시편 99편 2절, '시온에 계시는 여호와는 위대하시고 모든 민족보다 높으시도다.'라는 말씀에 보면, 예루살렘은 하나님의 성전이 있는 곳으로 유대인들에게는 궁극적으로 지향되는 곳입니다. 그래서 그들은 기도와 맹세 등 각종 종교적 행위를 할 때 늘 예루살렘을 향하여 합니다. 이런 의미에서 예루살렘은 큰 임금, 즉 여호와 하나님의 성이므로 예수께서는 예루살렘으로도 쓸데없는 헛맹세를 하지 말라고 하십니다. 넷째는 네 머리로도 맹세하지 말라 하시는데, 그 이유는 우리가 한 터럭도 희고 검게 할 수 없기 때문입니다. 창조주 하나님께서 만물을 창조하신 것처럼 인간 역시 하나님이 창조하셨으므로 우리 인간의 머리 또한 우리의 것이 아니라 하나님의 것입니다. 게다가 우리의 머리털까지 다 세신 바 되신 하나님께서 그 머리털도 만드셨으며, 그 머리털을 희고 검게 하는 것도 우리의 몫이 아닙니다. 이는 우리 머리털의 소유자는 우리가 아니라 바로 그 머리털을 창조하신 하나님이시므로 우리는 우리의 것이 아니라 하나님의 것인 우리 머리로도 맹세할 수 없습니다.

그리하여 예수께서는 하나님의 나라의 백성인 제자들에게 오직 너희 말은 옳다 옳다, 아니라 아니라 하라 이에서 지나는 것은 악으로부터 난다고 교훈하십니다. 예수께서 하나님나라의 백성들이 할 수 있는 말은 오로지 옳은 것은 옳다고, 그리고 아닌 것은 아니라고 책임감 있게 말하는 것뿐이고, 이를 넘어서 하나님의 권위나 그 외 어떤 것으로 맹세하든지 이는 허위와 위선과 같은 악으로부터 나는 맹세라고 가르쳐주십니다.

29 / 악한 자를 대적하지 말라

마태복음 5 : 38-42

또 눈은 눈으로, 이는 이로 갚으라 하였다는 것을 너희가 들었으나 니는 너희에게 이르노니 악한 자를 대적하지 말라 누구든지 네 오른편 뺨을 치거든 왼편도 돌려 대며 또 너를 고발하여 속옷을 가지고자 하는 자에게 겉옷까지도 가지게 하며 또 누구든지 너로 억지로 오리를 가게 하거든 그 사람과 십 리를 동행하고 네게 구하는 자에게 주며 네게 꾸고자 하는 자에게 거절하지 말라

기도 요점

예수께서 제자들에게 악한 자를 대적하지 말라고 가르치시는데, 그 까닭은? 하나님나라의 백성으로서 이 땅에서 사는 방법을 예수께서 제자들에게 가르쳐주셨는데, 그 네 가지의 삶이 이 땅에서 가능할 수 있는 길은?

도움의 말

눈은 눈으로, 이는 이로 갚으라는 말씀이 출애굽기(21:24), 레위기(24:19-20), 그리고 신명기(19:21)의 말씀에 있습니다. 예수께서는 제자들에게 너희가 이 말씀들을 들었으나 나는 너희에게 악한 자를 대적하지 말라고 말씀하십니다. 더 나아가 예수께서는 제자들에게 하나님나라의 백성으로 이 땅에서 사는 법 네 가지를 말씀하십니다. 첫째는 누구든지 네 오른편 뺨을 치거든 왼편도 돌려 대라고 말씀하십니다. 둘째는 너를 고발하여 속옷을 가지고자 하는 자에게 겉옷까지도 가지게 하라고 명령하십니다. 셋째는 누구든지 너로 억지로 오리를 가게 하거든 그 사람과 십 리를 동행하라고 말씀하십니다. 넷째는 네게 구하는 자에게 주며 네게 꾸고자 하는 자에게 거절하지 말라고 명령하신다. 이 네 가지의 예수님의 가르침으로부터 우리는 하나님나라의 백성으로 이 땅에 사는 삶의 법이 이 땅에 속한 사람들의 삶의 법과 확연히 구별되는 것을 알 수 있습니다. 이것이 바로 하나님으로부터 성별된 사람들의 삶이라는 것을 예수께서 우리에게 가르쳐주십니다.

30 / 너희 아버지의 온전하심 같이 너희도 온전하라

마태복음 5 : 43-48

또 네 이웃을 사랑하고 네 원수를 미워하라 하였다는 것을 너희가 들었으나 나는 너희에게 이르노니 너희 원수를 사랑하며 너희를 박해하는 자를 위하여 기도하라 이같이 한즉 하늘에 계신 너희 아버지의 아들이 되리니 이는 하나님이 그 해를 악인과 선인에게 비추시며 비를 의로운 자와 불의한 자에게 내려 주심이라 너희가 너희를 사랑하는 자를 사랑하면 무슨 상이 있으리요 세리도 이같이 아니하느냐 또 너희가 너희 형제에게만 문안하면 남보다 더하는 것이 무엇이냐 이방인들도 이같이 아니하느냐 그러므로 하늘에 계신 너희 아버지의 온전하심과 같이 너희도 온전하라

기도 요점

예수께서 제자들에게 원수를 사랑하고 박해하는 자를 위하여 기도하라고 말씀하신 까닭은? 자신은 하나님 아버지의 아들과 딸로서 하나님의 온전하심 같이 온전한 삶을 살아왔는지 회상해 보십시오.

도움의 말

예수께서 제자들에게 너희가 또 네 이웃을 사랑하고 네 원수를 미워하라 하였다는 것을 들었으나 나는 너희에게 너희 원수를 사랑하며 너희를 박해하는 자를 위하여 기도하라고 하십니다. 이 같이 새로운 가르침을 제자들에게 주시는 까닭은 하늘에 계신 아버지의 온전하심과 같이 그들도 온전하기를 바라서입니다. 예수께서는 제자들에게 원수를 사랑하고 박해하는 자를 위하여 기도함으로 바로 하늘에 계신 그들의 아버지의 아들이 된다고 말씀하십니다. 이는 하나님이 그 해를 악인과 선인에게 비추시며 비를 의로운 자와 불의한 자에게 내려주시는 하나님이시므로 제자들도 그들을 사랑하는 자를 사랑할 뿐만 아

니라 그들의 박해자와 원수를 위하여 기도하는 사람이어야만 된다는 말씀입니다. 이것이 바로 그들이 하나님의 아들이라는 증거입니다. 여기서 예수께서는 제자들에게 원수와 박해하는 이들을 위하여 기도하는 것이 당연하다는 것을 가르쳐주시기 위하여 두 가지 예를 드십니다. 하나는 세리도 자기를 사랑하는 이를 사랑한다는 것이고, 다른 하나는 형세에게민 문안히면 남보다 더 하는 것이 무엇이냐 이방인들도 이같이 한다는 예입니다.

31 / 구제함을 은밀하게 하라

마태복음 6 : 1-4

사람에게 보이려고 그들 앞에서 너희 의를 행하지 않도록 주의하라 그리하지 아니하면 하늘에 계신 너희 아버지께 상을 받지 못하느니라 그러므로 구제할 때에 외식하는 자가 사람에게서 영광을 받으려고 회당과 거리에서 하는 것 같이 너희 앞에 나팔을 불지 말라 진실로 너희에게 이르노니 그들은 자기 상을 이미 받았느니라 너는 구제할 때에 오른손이 하는 것을 왼손이 모르게 하여 네 구제함을 은밀하게 하라 은밀한 중에 보시는 너의 아버지께서 갚으시리라

기도 요점

구제하기를 즐겨하십니까? 구제할 때 자신의 방법은? 예수께서 제자들에게 말씀하신 구제 할 때에 하지 말아야 할 것 두 가지와 그 이유는? 그리고 예수께서 제자들에게 말씀하신 구제 할 때에 해야할 것 한 가지와 그 이유는?

도움의 말

예수께서 제자들에게 구제할 때에 하지 말아야 할 것 두 가지와 해야 할 것 한 가지를 가르치십니다. 해야 할 것 두 가지 가운데 하나는 구제를 사람에게 보이려고 그들 앞에서 너희 의를 행하지 않도록 하라고 말씀하십니다. 그 이유는 하늘에 계신 아버지 하나님의 상을 받지 못하기 때문입니다. 다른 하나는 구제할 때에 외식하는 자가 사람에게서 영광을 받으려고 회당과 거리에서 하는 것 같이 너희 앞에 나팔을 불지 말라는 권면입니다. 그 이유는 이 같이 구제하게 되면, 구제한 그들은 자기 상을 이미 받았기 때문입니다. 그렇기 때문에 예수께서는 제자들에게 구제할 때에 해야 할 것은 오른손이 하는 것을 왼손이 모르게 하여 네 구제함을 은밀하게 하라고 권면합니다. 이렇게 구제하는 사람에게는 은밀한 중에 보시는 하나님 아버지께서 갚아주신다고 예수께서 말씀하십니다.

32 / 은밀한 중에 계신 아버지께 기도하라

마태복음 6 : 5-8

또 너희는 기도할 때에 외식하는 사와 같이 하지 말라 그들은 사람에게 보이려고 회당과 큰 거리 어귀에 서서 기도하기를 좋아하느니라 내기 진실로 너희에게 이르노니 그들은 자기 상을 이미 받았느니라 너는 기도할 때에 네 골방에 들어가 문을 닫고 은밀한 중에 계신 네 아버지께 기도하라 은밀한 중에 보시는 네 아버지께서 갚으시리라 또 기도할 때에 이방인과 같이 중언부언하지 말라 그들은 말을 많이 하여야 들으실 줄 생각하느니라 그러므로 그들을 본받지 말라 구하기 전에 너희에게 있어야 할 것을 하나님 너희 아버지께서 아시느니라

기도 요점

기도할 때에 외식하는 자와 같이 하지 말라고 예수께서 말씀하시는데, 그 까닭은? 기도할 때에 골방에 들어가 문을 닫고 은밀한 중에 계신 네 아버지께 기도하라고 말씀하시는데, 그 까닭은? 기도할 때에 이방인과 같이 중언부언하지 말라고 말씀하시는데, 그 까닭은?

도움의 말

예수께서 기도할 때에 외식하는 자와 같이 하지 말라고 권고하십니다. 여기서 외식하는 자는 사람에게 보이려고 회당과 큰 거리 어귀에 서서 기도하기를 좋아하는 사람들입니다. 당시 유대인들은 하루에 세 번 회당에 올라가 기도하였는데, 기도할 시간에 외출하여 회당에 갈 수 없을 때에는 길가에 서서라도 기도하였다고 합니다. 은밀하신 하나님께 간절히 기도드리기보다 사람들에게 경건하게 보이려고 이 같이 기도하게 되면, 그들은 다른 사람들로부터 이미 상을 받았다고 예수께서 말씀하십니다. 이어서 예수께서는 제자들에게 하나님께서 들으시는 기도에 관하여 두 가지를 가르쳐주십니다. 하나는 기도

할 때에 네 골방에 들어가 문을 닫고 은밀한 중에 계신 네 아버지께 기도하라는 가르침입니다. 왜냐하면, 은밀한 중에 보시는 네 아버지께서 갚으실 것이기 때문입니다. 다른 하나는 기도할 때에 이방인과 같이 중언부언하지 말라는 가르침입니다. 왜냐하면 그들은 말을 많이 하여야 들으실 줄 생각하지만 하나님 너희 아버지께서는 구하기 전에 너희에게 있어야 할 것을 아시는 하나님이시기 때문입니다.

33 / 너희는 이렇게 기도하라

마태복음 6 : 9-10

그러므로 너희는 이렇게 기도하라 하늘에 계신 우리 아버지여 이름이 거룩히 여김을 받으시오며 나라가 임하시오며 뜻이 하늘에서 이루어진 것 같이 땅에서도 이루어지이다

기도 요점

예수께서 제자들에게 가르쳐 명령하신 첫 번째 기도와 그 의미는? 예수께서 제자들에게 가르쳐 명령하신 두 번째와 세 번째 기도와 그 의미는?

도움의 말

예수께서 제자들에게 이렇게 기도하라고 하시는데, 이것이 바로 제자들이 지속적으로 기도할 모범인 주기도문입니다. 우선 예수께서는 기도할 때 하늘에 계신 우리 아버지여 이름이 거룩히 여김을 받으시기를 기도하라고 말씀하십니다. 여기서 우리 아버지라는 칭호는 그리스도 예수로 인하여 맺어진 새 언약의 표시로써 우리가 기도하는 대상이 우리의 존재의 근거일 뿐만 아니라 친밀하게 우리를 자녀로서 인격적으로 돌보시는 부성을 지닌 아버지 하나님이심을 의미합니다. 또한 우리 아버지라는 표현은 예수님의 제자와 하나님 사이의 관계에서만 부를 수 있는 호칭입니다. 이런 의미에서 주기도문은 예수님의 제자들이 서로 교제를 나누며 드리는 기도의 모범이 됩니다. 주기도문의 첫 번째 간구는 이름이 거룩하게 여김을 받으시기를 기도하는 것은 십계명의 제1과 제 3 계명과 연관이 있습니다. 하나님은 스스로 존재하시며 스스로를 계시하시는 분이십니다. 그러므로 하나님의 이름은 거룩하신 인격과 능력과 권위입니다. 그렇기 때문에 기도할 때 하나님의 이름에 합당하게 거룩히 여김을 받으시도록 하나님을 찬양합니다. 두 번째 간구는 나라가 임하시오며, 세 번째 간구는 뜻이 하늘에서 이루어진 것 같이 땅에서도 이루어지이다 입니다. 이

두 개의 간구는 거룩하신 하나님의 구속의 통치가 계속 확장되어 하나님의 선하시고 기뻐하시고 온전하신 뜻이 하늘에서 온전히 성취된 것 같이 땅에서도 이뤄지게 해달라는 기도입니다. 이 간구 기도 속에는 예수님의 제자들의 거룩한 하나님 나라의 도래에 대한 간절한 소망이 깃들어 있습니다.

34 / 예수제자들의 신앙과 생활에 관한 기도

마태복음 6 : 11-13

오늘 우리에게 일용할 양식을 주시옵고 우리가 우리에게 죄 지은 자를 사하여 준 것 같이 우리 죄를 사하여 주시옵고 우리를 시험에 들게 하지 마시옵고 다만 악에서 구하시옵소서 (나라와 권세와 영광이 아버지께 영원히 있사옵나이다 아멘)

기도 요점

하나님과 하나님의 나라를 위한 세 가지 항목의 기도를 가르쳐주신 후, 예수께서 제자들에게 그들의 신앙과 생활과 관련하여 네 가지의 기도 항목을 더 가르치신다. 이 네 가지 항목들은 무엇인가? 그리고 마지막으로 주기도문의 송영, 나라와 권세와 영광이 아버지께 영원히 있사옵나이다 아멘이 이어지는데, 이 송영의 의미는?

도움의 말

하나님과 하나님의 나라를 위한 세 가지 항목의 기도 후, 예수께서는 제자들에게 그들의 신앙과 생활에 관한 기도 네 가지를 가르쳐 말씀하십니다. 그 첫째가 오늘 우리에게 일용할 양식을 주시기를 간구하는 기도입니다. 예수께서는 생존에 필요한 양식을 날마다 충족시켜 달라는 기도를 아버지 하나님께 간구하도록 가르치십니다. 그 둘째가 우리가 우리에게 죄 지은 자를 사하여 준 것 같이 우리 죄를 사하여 주시기를 간구하는 기도입니다. 이 기도로부터 우리는 하나님께 마땅히 해야 할 것을 하지 않은 죄를 사해 주시기를 간구하기 전에 우리가 우리에게 죄 지은 사람을 용서하여 주는 것이 우선된다는 것을 알 수 있습니다. 그러므로 하나님께 용서를 구하려면 내가 현재 용서하지 못하는 사람이 누구이며, 또한 그 사람을 용서하고 싶은지 아니면, 용서하고 싶은 마음이 없는지를 살펴보고, 용서할 수 없다고 판단되면, '하나님이시여! 나에게 죄 지은 그 사람을 용서할 수 있는 마음을 주십시오. 라는 기도부터 해야 될 때도 있습니다. 그 셋째가 우리를 시험에 들게 하지 마시기를 하나님께 간구하는 기도입니다. 사실 예수의 제자들인 우리는 살면서 매일 시험에 노출되기도 하며 또한 시험에 직면하기도 합니다. 그러므로 우리는 시험에 들게 하지 마시기를 간구하며, 더 나아가 시험 가운데 있을지라도 이를 이기고 극복해 나갈 수 있는 힘을 간구하는 기도를 합니다. 그 넷째가 다만 악에서 구하시옵기를 간구하는 기도입니다. 예수의 제자들인 우리에게 예수님은 사단의 공격으로부터 보호하고 지켜주시기를 간구하는 기도를 가르치십니다. 사단을 이미 이기신 우리 주님만이 우리를 지켜주시므로 다만 악에서 구하시기를 아버지 하나님께 우리는 간구합니다. 그리고 이어서 나라와 권세와 영광이 아버지께 영원히 있사옵나이다 아멘으로 맺습니다. 여기서 나라는 왕으로 다스리시는 하나님의 나라이며, 이러한 하나님의 나라의 유지와 하나님의 백성에게 선한 약속들을 이루시고 지키시는 권세와 이에 따른 모든 영광이 모두 다 하나님께 속해 있다는 주기도문 송영인데, 아멘입니다.

35 / 천국백성에게 있어서 용서란

마태복음 6 : 14-15

너희가 사람의 질못을 용시하면 니희 하늘 아버지께서도 너희 잘못을 용서히
시려니와 너희가 사람의 잘못을 용서하지 아니하면 너희 아버지께서도 너희
잘못을 용서하지 아니하시리라

기도 요점

다른 사람의 허물과 잘못을 용서하는데 있어서 가장 힘든 것은? 예수님의 제
자들인 우리가 천국백성으로서 다른 사람의 잘못을 용서해야 되는 이유는?

도움의 말

천국백성인 예수의 제자들에게 있어서 용서란 특별한 의미가 있습니다. 이에
대한 예수님의 가르침에 의하면, 그들이 사람의 잘못을 용서하면 하늘 계신
그들의 아버지께서도 그들의 잘못을 용서하신다는 것입니다. 여기서 '잘못'
이란 문자적으로 '한편에 치우침'이라는 뜻으로 진리나 의로부터의 이탈을 가
리킬 때 사용된다고 합니다. 이런 의미에서 생명을 해하려는 범죄와는 구별
됩니다. 그렇다 할지라도 우리가 하나님으로부터 죄 용서함을 받기 위해서는
반드시 다른 사람의 잘못을 용서하는 것이 우선됩니다. 왜냐하면, 우리가 다
른 사람의 잘못을 용서하지 아니하면 하늘에 계신 우리 아버지께서도 우리의
잘못을 용서하지 아니하시기 때문입니다. 이와 더불어 두 가지 이유가 더 있
습니다. 하나는 다른 사람의 잘못을 용서하는 것이 바로 자기 자신의 죄에 대
하여 하나님께 용서를 구하는 참된 회개의 자세이기 때문입니다. 다른 하나
는 이는 주기도문의 우리가 우리에게 죄 지은 자를 사하여 준 것 같이 우리 죄
를 사하여 주옵시고 라는 다섯 번째 기도를 심화시킨 말씀입니다. 그러므로
우리가 하나님으로부터 용서함 받기를 원한다면, 우리는 우리가 하나님께 원
하는 바를 우리 형제에게도 베풀어야 되기 때문입니다.

36 / 외식으로 금식하지 말라

마태복음 6 : 16-18
금식할 때에 너희는 외식하는 자들과 같이 슬픈 기색을 보이지 말라 그들은 금식하는 것을 사람에게 보이려고 얼굴을 흉하게 하느니라 내가 진실로 너희에게 이르노니 그들은 자기 상을 이미 받았느니라 너는 금식할 때에 머리에 기름을 바르고 얼굴을 씻으라 이는 금식하는 자로 사람에게 보이지 않고 오직 은밀한 중에 계신 네 아버지께 보이게 하려 함이라 은밀한 중에 보시는 네 아버지께서 갚으시리라

기도 요점
외식으로 금식하는 것이란? 예수께서 제자들에게 금식할 때에 얼굴을 흉하게 하지 말고 머리에 기름을 바르고 얼굴을 씻으라고 이르시는데, 그 까닭은?

도움의 말
당시 유대인들에게는 금식이 익숙하게 행해졌다고 합니다. 즉 모든 백성이 모세의 율법에 따라 속죄일에 일 년에 한 번 금식이 규정되어 있었습니다. 또한 바벨론 유수 기간에 스가랴(7:3-5 ; 8:19)에 보면, 하나님이 개입하셨던 지난날의 역사를 회고하면서 자세를 새롭게 가다듬기 위해 정기적으로 금식할 것을 규정하였습니다. 이 외에도 유대인들은 금식을 집단적 · 개인적으로 행하였다고 합니다. 이러한 유대인의 실정을 익히 알고 계시는 예수님께서 제자들에게 금식할 때에 너희는 외식하는 자들과 같이 슬픈 기색을 보이지 말라고 명하십니다. 그 이유는 외식으로 금식하는 그들은 사람에게 보이려고 얼굴을 흉하게 하는데, 이렇게 되면 그들은 자기 상을 이미 사람들로부터 받았기 때문에 하나님으로부터 받을 상이 없습니다. 그래서 예수님은 제자들에게 너는 금식할 때에 머리에 기름을 바르고 얼굴을 씻으라고 이르시는데, 그 이유는 금식하는 자가 사람에게 보이려 하지 않고 오직 은밀한 중에 계신 네 아버지께만 보이려 하면, 은밀한 중에 보시는 아버지께서 갚으시기 때문입니다.

37 / 네 보물 있는 곳에 네 마음도 있느니라

마태복음 6 : 19-21

너희를 위하여 보물을 땅에 쌓아 두지 말라 거기는 좀과 동록이 해하며 도둑이 구멍을 뚫고 도둑질하느니라 오직 너희를 위하여 보물을 하늘에 쌓아 두라 거기는 좀이나 동록이 해하지 못하며 도둑이 구멍을 뚫지도 못하고 도둑질도 못하느니라 네 보물 있는 그 곳에는 네 마음도 있느니라

기도 요점

예수께서 제자들에게 네 보물을 땅에 쌓아 두지 말고 하늘에 쌓아 두라고 명하시는데, 그 이유는? 예수께서 제자들에게 '네 보물 있는 그 곳에는 네 마음도 있느니라.'고 말씀하시는데, 나의 보물은 무엇이며, 또한 나의 보물이 있는 곳은?

도움의 말

보물이란 원래는 물품을 보관해 두는 장소라는 뜻이었다고 합니다. 그런데 이 의미가 발전되어 그 장소에 보관해 둔 물품 자체를 가리키게 되었다고 합니다. 당시 팔레스틴 사람들은 그들의 소중한 물품을 땅속에 묻어두었던 전통이 있다고 합니다. 이러한 당시 상황 안에서 예수께서는 제자들에게 너희를 위하여 보물을 땅에 쌓아 두지 말라고 명하십니다. 여기서 말하는 땅이란 하늘과 반대되는 장소의 개념으로 이는 순간적이면서도 변화하는 이 세상을 의미합니다. 그렇기 때문에 예수께서 좀과 동록이 해하며 도둑이 구멍을 뚫고 도둑질 하는 땅에 너희 보화를 두지 말라고 명하신 것입니다. 그러므로 예수께서는 제자들에게 너희는 오직 너희를 위하여 보물을 하늘에 쌓아 두라고 명하십니다. 왜냐하면, 거기는 좀이나 동록이 해하지 못하며 도둑이 구멍을 뚫지도 못하고 도둑질도 못하기 때문입니다. 땅에 대비되는 하늘에 보화를 쌓으면, 도둑맞을 염려가 없을 뿐만 아니라 순간적이지도 않으며, 또한 영원

히 지속되므로 땅에 둔 보물과 비교할 때 무한한 가치가 있습니다. 그러므로 하나님의 백성인 제자들의 마음이 천국에 소망을 두고 있게 되면, 그들은 땅 위에서 영원한 가치를 지니는 삶을 살게 될 것입니다. 구체적으로 그리스도를 위하여 고난 받는 삶이나 다른 사람을 용서하는 삶, 의로운 일을 행하는 삶 등과 같이 천국에 속한 사람으로서의 삶을 살게 되는데, 이러한 삶은 보상이 따른다는 의미에서 하늘에 쌓아둔 보물이 됩니다.

38 / 하나님과 재물을
겸하여 섬기지 못하느니라

마태복음 6 : 22-24

눈은 몸의 등불이니 그러므로 네 눈이 성하면 온 몸이 밝을 것이요 눈이 나쁘면 온 몸이 어두울 것이니 그러므로 네게 있는 빛이 어두우면 그 어둠이 얼마나 더하겠느냐 한 사람이 두 주인을 섬기지 못할 것이니 혹 이를 미워하고 저를 사랑하거나 혹 이를 중히 여기고 저를 경히 여김이라 너희가 하나님과 재물을 겸하여 섬기지 못하느니라

기도 요점

하나님과 재물을 겸하여 섬기느라 힘들었던 경험이 있으십니까? 자신의 마음에 가득히 채워져 있는 주인은 누구인가요? '한 사람이 두 주인을 섬기지 못할 것이니 혹 이를 미워하고 저를 사랑하거나 혹 이를 중히 여기고 저를 경히 여김이라 너희가 하나님과 재물을 겸하여 섬기지 못하느니라.'는 예수님의 말씀을 묵상하십시오.

도움의 말

예수께서 제자들에게 눈은 몸의 등불이므로 눈이 성하면 온 몸이 밝을 것이라고 말씀하십니다. 사실 마음에 있어야 눈에도 보이는 것이므로 예수님의 이 말씀은 우리의 눈이 세상 것에 심취한다면, 이는 우리의 마음 역시 세상에 심취하여 있다는 것을 드러냅니다. 반면 우리 눈이 하늘에 속한 것을 향한다면, 이는 우리의 마음 역시 하늘에 속한 신령한 것으로 채워져 있다는 것을 드러냅니다. 이런 의미에서 예수께서는 눈이 성하면 온 몸이 밝을 것이요 눈이 나쁘면 온 몸이 어두울 것이라고 말씀하십니다. 또한 예수께서는 우리에게 있는 빛이 어두우면 그 어둠이 얼마나 더하겠느냐고 하시는데, 이는 영적 진리의 세계를 밝혀주는 마음의 등불이 어두우면 진리를 이해할 수 없다는 말씀

입니다. 그러므로 한 사람이 두 주인을 섬기지 못합니다. 즉 한 사람이 하나님과 재물을 겸하여 섬기지 못하는데, 그 이유는 혹 이를 미워하고 저를 사랑하거나 혹 이를 중히 여기고 저를 경히 여길 것이기 때문입니다. 다른 말로 표현하면 이는 하나님을 주인으로 섬기는 하나님의 사람은 하나님과 그 외의 어떤 것들을 겸하여 섬길 수 없다는 말씀입니다. 창조주이시며, 섭리주이시며, 구속주이신 하나님을 주인으로 섬기는 사람이 하나님 섬기는 일과 겸하여 어찌 그 외의 어떤 것, 예를 들면, 재물을 주인으로 섬길 수 있겠습니까. 우리는 하나님께서 허락하신 재물을 하나님의 뜻에 맞도록 사용하는 청지기일 뿐입니다.

39 / 목숨을 위하여 먹을 것과 몸을 위하여 입을 것을 염려하지 말라

마태복음 6 : 25-27

그러므로 내가 너희에게 이르노니 목숨을 위하여 무엇을 먹을까 무엇을 마실까 몸을 위하여 무엇을 입을까 염려하지 말라 목숨이 음식보다 중하지 아니하며 몸이 의복보다 중하지 아니하냐 공중의 새를 보라 심지도 않고 거두지도 않고 창고에 모아들이지도 아니하되 너희 하늘 아버지께서 기르시나니 너희는 이것들보다 귀하지 아니하냐 너희 중에 누가 염려함으로 그 키를 한 자라도 더할 수 있겠느냐

기도 요점

천국백성들이 목숨을 위하여 먹을 것과 마실 것과 또한 몸을 위하여 입을 것을 염려하지 말라고 예수께서 말씀하시는데, 그 이유는? '너희 중에 누가 염려함으로 그 키를 한 자라도 더할 수 있겠느냐'라는 말씀의 의미는?

도움의 말

예수께서 제자들에게 목숨을 위하여 먹고 마시고, 또한 몸을 위하여 입을 것을 염려하지 말라고 말씀하시는데, 이는 세상살이를 위하여 너무 염려하지 말라는 말씀입니다. 여기서 말하는 목숨이란 육체적 죽음 이후에도 멸절되지 아니하는 영혼을 가리킵니다. 목숨을 위하여 먹고 마시는 음식과 입는 옷은 우리의 생명을 존속하는데 필요합니다. 그렇다고 해서 목숨에 소용되는 음식과 옷에 너무 집착하지 말라고 예수께서 말씀하시는데, 그 이유는 두 가지입니다. 하나는 음식과 의복은 생명을 위하여 필요한 소모품이므로 생명이 음식과 의복보다 더 중요하기 때문입니다. 다른 하나는 우리 목숨을 우리에게 주신 하나님께서 목숨에 필요한 음식과 의복을 당연히 주실 것이기 때문입니

다. 예수께서는 이를 보다 명료하게 이해할 수 있도록 두 가지 비유를 말씀하시는데, 하나는 공중의 새를 보라 심지도 않고 거두지도 않고 창고에 모아들이지도 아니하지만 하늘 아버지께서 기르시는데, 천국백성들인 너희는 이 새들보다 더 귀하다는 비유입니다. 다른 하나는 너희 중에 누가 염려함으로 그 키를 한 자라도 더할 수 있겠느냐 라는 비유인데, 여기서 키를 한 자라도 더할 수 있겠느냐는 것은 신장의 길이 혹은 생명의 길이를 뜻합니다. 이런 의미에서 이 비유는 그 어느 누구도 자기의 신장이나 생명의 길이를 연장할 수 없으며, 이는 오로지 하나님께 달려있는 것을 뜻합니다.

40 / 먼저 그의 나라와 의를 구하라

마태복음 6 : 28-34

또 너희가 어찌 의복을 위하여 염려하느냐 들의 백합화가 어떻게 자라는가 생각하여 보라 수고도 아니하고 길쌈도 아니하느니라 그러나 내가 너희에게 말하노니 솔로몬의 모든 영광으로도 입은 것이 이 꽃 하나만 같지 못하였느니라 오늘 있다가 내일 아궁이에 던져지는 들풀도 하나님이 이렇게 입히시거든 하물며 너희일까보냐 믿음이 작은 자들아 그러므로 염려하여 이르기를 무엇을 먹을까 무엇을 마실까 무엇을 입을까 하지 말라 이는 다 이방인들이 구하는 것이라 너희 하늘 아버지께서 이 모든 것이 너희에게 있어야 할 줄을 아시느니라 그런즉 너희는 먼저 그의 나라와 그의 의를 구하라 그리하면 이 모든 것을 너희에게 더하시리라 그러므로 내일 일을 위하여 염려하지 말라 내일 일은 내일이 염려할 것이요 한 날의 괴로움은 그 날로 족하니라

기도 요점

'무엇을 먹을까 무엇을 마실까 무엇을 입을까 하지 말라 이는 다 이방인들이 구하는 것이라'는 예수님의 말씀의 의미는? '너희는 먼저 그의 나라와 그의 의를 구하라 그리하면 이 모든 것을 너희에게 더하시리라 그러므로 내일 일을 위하여 염려하지 말라 내일 일은 내일이 염려할 것이요 한 날의 괴로움은 그 날로 족하니라.'라는 예수님의 말씀이 자신에게 의미하는 바는?

도움의 말

들의 백합화가 스스로 아무런 수고를 하지 않아도 하나님께서 자라게 하시며 꽃을 피우게 하시는데, 너희가 어찌 의복을 위하여 염려하느냐고 예수께서 제자들에게 말씀하십니다. 이 꽃의 아름다움을 예수께서는 솔로몬의 모든 영광으로도 입은 것이 이 꽃 하나만 같지 못하다고 비유하십니다. 이처럼 무

엇을 먹을까 무엇을 마실까 무엇을 입을까 염려하는 것은 오로지 먹고 마실 것만 구하는 자들의 몫이지 천국백성들의 몫이 아닌 이유를 세 가지로 말씀하십니다. 첫째는 천국백성은 하나님을 알지 못하는 사람처럼 오직 먹고 사는 것만 추구하지 않습니다. 이는 천국백성은 하나님의 나라를 구하는 사람이기 때문입니다. 이는 먼저 그의 나라와 의를 구하는 삶으로써 구체적으로 예수 그리스도로 인하여 도래된 천국복음을 듣고 순종하며, 그 복음전파에 힘쓰며, 또한 완성될 하나님의 나라를 소망 중에 기다리며 하나님의 영광을 위하는 삶을 뜻합니다. 둘째는 전지전능하신 하나님께서 크신 사랑으로 천국백성을 돌보시기 때문입니다. 셋째는 하나님께서는 하나님의 백성의 필요한 것 모두를 알고 계시므로 풍성하게 채워주실 것이기 때문입니다. 그렇기 때문에 천국백성은 내일 일을 염려하지 않습니다. 내일을 하나님께서 허락하시면, 내일에 필요한 새로운 은혜로 하나님께서 감당하게 하실 것이기 때문입니다.

41 / 비판하지 말라

마태복음 7 : 1-6

비판을 받지 아니하려거든 비판하지 말라 너희가 비판하는 그 비판으로 너희가 비판을 받을 것이요 너희가 헤아리는 그 헤아림으로 너희가 헤아림을 받을 것이니라

어찌하여 형제의 눈 속에 있는 티는 보고 네 눈 속에 있는 들보는 깨닫지 못하느냐 보라 네 눈 속에 들보가 있는데 어찌하여 형제에게 말하기를 나로 네 눈 속에 있는 티를 빼게 하라 하겠느냐 외식하는 자여 먼저 네 눈 속에서 들보를 빼어라 그 후에야 밝히 보고 형제의 눈 속에서 티를 빼리라 거룩한 것을 개에게 주지 말며 너희 진주를 돼지 앞에 던지지 말라 그들이 그것을 발로 밟고 돌이켜 너희를 찢어 상하게 할까 염려하라

기도 요점

예수께서 제자들에게 비판하지 말라고 권고하시는데, 그 까닭은? 어찌하여 형제의 눈 속에 있는 티는 보고 네 눈 속에 있는 들보는 깨닫지 못하느냐는 비유의 의미는? 거룩한 것을 개에게 주지 말며 너희 진주를 돼지 앞에 던지지 말라는 비유의 의미는?

도움의 말

예수께서 제자들에게 비판을 받지 아니하려거든 비판하지 말라 말씀하십니다. 여기서 비판한다는 것은 자신의 관점에서 다른 사람을 논하든지 혹은 정죄하는 행위를 뜻합니다. 예수께서는 아예 이러한 비판을 하지 말라고 딱 잘라 말씀하시는데, 그 이유는 우리가 비판하는 그 비판으로 우리가 비판을 받을 것이며, 또한 우리가 헤아리는 그 헤아림으로 우리가 헤아림을 하나님으로부터 받을 것이기 때문입니다. 이와 관련하여 예수님께서는 두 가지 비유를 말씀하시는데, 하나는 다른 사람을 비판하는 것은 마치 형제의 눈 속에

있는 티는 보고 자신의 눈 속에 있는 들보는 깨닫지 못하는 행위와 같다는 비유입니다. 이 비유에서 예수님은 남을 비판하는 사람은 우선 자신의 눈 속의 들보부터 빼라고 권고하십니다. 왜냐하면, 그래야만 눈이 밝히 보고 형제의 눈 속에서 티를 뺄 수 있기 때문입니다. 이와 같이 예수님은 악한 마음으로 사람은 비판하는 일을 하지 말라는 권고의 말씀을 하십니다. 그러나 다른 하나는 거룩한 것을 개에게 주지 말며 너희 진주를 돼지 앞에 던지지 말라는 비유입니다. 이는 말씀을 듣는 사람들이 그 말씀을 오해하지 않도록 조심하라는 권고인데, 여기서 개란 거룩한 복음의 진리를 알지 못하고 그것을 먹는 것으로 알고 물고 찢는 것과 같이 거짓 일꾼들은 복음이 보화인 것을 알지 못하고 그것으로 그들의 육체의 이익을 도모하는 도구로 복음을 전하는 것을 의미합니다. 그리고 또한 진주를 돼지 앞에 던지지 말라는 비유 역시 미련한 자에게 지혜로운 말은 돼지에게의 진주와 같다는 말씀인데, 이는 진주와 같은 보화, 즉 복음을 듣고 이를 발로 밟을 뿐만 아니라 복음을 전하는 이들을 찢어 상하게 할 수 있다는 말입니다. 그렇기 때문에 예수께서는 제자들에게 진주를 돼지 앞에 던지지 말라고 권고하십니다.

42 / 구하라 찾으라 문을 두드리라

마태복음 7 : 7-12

구하라 그리하면 너희에게 주실 것이요 찾으라 그리하면 찾아낼 것이요 문을 두드리라 그리하면 너희에게 열릴 것이니 구하는 이마다 받을 것이요 찾는 이는 찾아낼 것이요 두드리는 이에게는 열릴 것이니라 너희 중에 누가 아들이 떡을 달라 하는데 돌을 주며 생선을 달라 하는데 뱀을 줄 사람이 있겠느냐 너희가 악한 자라도 좋은 것으로 자식에게 줄 줄 알거든 하물며 하늘에 계신 너희 아버지께서 구하는 자에게 좋은 것으로 주시지 않겠느냐 그러므로 무엇이든지 남에게 대접을 받고자 하는 대로 너희도 남을 대접하라 이것이 율법이요 선지자니라

기도 요점

기도할 때 예수께서 구하고, 찾고 두드리면 너희에게 주실 것이고, 찾아낼 것이며, 열릴 것이라고 가르치시는데, 이 말씀의 의미는? '너희 중에 누가 아들이 떡을 달라 하는데 돌을 주며 생선을 달라 하는데 뱀을 줄 사람이 있겠느냐 너희가 악한 자라도 좋은 것으로 자식에게 줄 줄 알거든 하물며 하늘에 계신 너희 아버지께서 구하는 자에게 좋은 것으로 주시지 않겠느냐'라는 예수님의 말씀의 의미는?

도움의 말

예수님께서 제자들에게 기도에 관한 말씀 두 가지를 말씀하십니다. 하나는 구하고 찾고 두드리라고 가르치시는데, 이는 간절히 계속하여 힘을 다하여 기도하라는 말씀입니다. 다른 하나는 이 같이 하나님을 믿고 계속하여 구하고 찾고 두드리는 자에게 하나님께서 반드시 주실 것이며, 찾게 하실 것이며, 열리게 할 것이라는 말씀입니다. 이는 기도를 들으시는 하나님의 신실하심을

의미하는 말씀이며, 동시에 이는 기도하는 사람이 신실하신 하나님을 온전히 믿고 신뢰하여야 함을 의미하는 말씀입니다. 이어 예수께서는 하나님 아버지께서 반드시 구하는 사람에게 좋은 것으로 주신다는 말씀을 강조하기 위하여 제자들에게 이르시기를 너희 중에 누가 아들이 떡을 달라 하는데 돌을 주며 생선을 달라 하는데 뱀을 줄 사람이 있겠느냐 라고 하십니다. 이것은 악한 부모라도 좋은 것으로 자식에게 줄 줄 아는데, 하물며 하늘에 계신 아버지께서 구하고 기도하는 자에게 좋은 것으로 주시지 않겠느냐는 말씀입니다. 그러므로 예수께서 제자들에게 무엇이든지 남에게 대접을 받고자 하는 대로 너희도 남을 대접하라고 하십니다.

43 / 좁은 문으로 들어가라

마태복음 7 : 13-14

좁은 문으로 들어가라 멸망으로 인도하는 문은 크고 그 길이 넓어 그리로 들어가는 자가 많고 생명으로 인도하는 문은 좁고 길이 협착하여 찾는 자가 적음이라

기도 요점

예수께서 제자들에게 좁은 문으로 들어가라고 하신 까닭은? 좁은 문으로 들어가라고 말씀하시는 예수님에 대한 자신의 반응은?

도움의 말

예수께서 제자들에게 좁은 문으로 들어가라고 말씀하시는데, 그 이유는 좁은 문은 생명으로 인도하는 문이기 때문입니다. 이 같이 좁은 문으로 들어가는 사람은 생명의 말씀인 하나님의 복음의 진리 말씀에 따라 삶을 사는 것을 의미합니다. 그리스도의 복음대로 따라가는 좁은 길은 하나님의 은혜 가운데 구원을 받아 갈 수 있는 길입니다. 그러므로 좁은 길을 가는 구원받는 사람은 하나님으로부터 생명의 말씀을 공급받을 뿐만 아니라 하나님께서 주시는 희락의 삶을 살게 되며, 또한 이 길을 다 간 다음에는 영생의 면류관이 예비 되어 있습니다. 이에 반하여 멸망으로 인도하는 문은 크고 그 길이 넓다고 예수께서 말씀하십니다. 이처럼 멸망으로 인도하는 크고 넓은 문으로는 많은 사람이 들어간다고 예수께서 말씀하시는데, 이는 육체의 소욕대로 이 땅의 삶을 사는 것을 의미합니다. 그렇기 때문에 예수께서는 멸망의 크고 넓은 문이 아닌 생명의 좁은 문으로 들어가라고 우리에게 말씀하십니다.

44 / 열매로 그들을 알리라

마태복음 7 : 15-20

거짓 선지자들을 삼가라 양의 옷을 입고 너희에게 나아오나 속에는 노략질하는 이리라 그들의 열매로 그들을 알지니 가시나무에서 포도를, 또는 엉겅퀴에서 무화과를 따겠느냐 이와 같이 좋은 나무마다 아름다운 열매를 맺고 못된 나무가 나쁜 열매를 맺나니 좋은 나무가 나쁜 열매를 맺을 수 없고 못된 나무가 아름다운 열매를 맺을 수 없느니라 아름다운 열매를 맺지 아니하는 나무마다 찍혀 불에 던져지느니라 이러므로 그들의 열매로 그들을 알리라

기도 요점

거짓 선지자들을 삼가라고 하시면서 그들의 열매로 그들을 알라고 예수께서 말씀하시는데, 여기서 그들의 열매란? 예수께서 '좋은 나무마다 아름다운 열매를 맺고 못된 나무가 나쁜 열매를 맺나니 좋은 나무가 나쁜 열매를 맺을 수 없고 못된 나무가 아름다운 열매를 맺을 수 없느니라 아름다운 열매를 맺지 아니하는 나무마다 찍혀 불에 던져지느니라.'라고 말씀하시는데, 이 말씀의 의미는?

도움의 말

예수께서 사람을 생명의 길로 가는 좁은 문으로 인도하지 아니하고 멸망의 길로 가는 넓은 문으로 사람을 거짓으로 꾀어 이끄는 거짓 선지자들을 삼가라고 말씀하십니다. 그들은 양의 옷을 입고 우리에게 나아오지만 그 속에는 노략질하는 이리라고 하시면서 예수께서는 그들의 열매로 그들을 알라고 말씀하십니다. 여기서 그들의 열매란 그들의 교훈과 그것의 영향과, 또한 그들의 행위를 의미합니다. 이어서 예수께서는 비유로 가시나무에서 포도를, 또는 엉겅퀴에서 무화과를 따겠느냐고 말씀하시는데, 여기서 가시나무와 엉겅퀴는 사람이 죄를 범한 결과의 비유이며, 또한 포도와 무화과는 선과 의를 행

하는 사람의 결과를 비유하는 것으로 봅니다. 예수께서는 이와 같이 좋은 나무마다 아름다운 열매를 맺고 못된 나무가 나쁜 열매를 맺는 것이 당연하며, 또한 좋은 나무가 나쁜 열매를 맺을 수 없고 못된 나무가 아름다운 열매를 맺을 수 없는 것이 당연하므로 그들의 열매로 그들을 알게 된다고 말씀하십니다. 이뿐만이 아니라 예수께서는 아름나운 열내를 맺시 아니하는 나무마나 찍혀 불에 던져진다고 하십니다. 이는 거짓 교훈과 악을 행하는 무리를 하나님께서 반드시 벌하신다는 말씀입니다.

_____

_____

_____

_____

_____

45 / 불법을 행하는 자들아 내게서 떠나가라

마태복음 7 : 21-23

나더러 주여 주여 하는 자마다 다 천국에 들어갈 것이 아니요 다만 하늘에 계신 내 아버지의 뜻대로 행하는 자라야 들어가리라 그 날에 많은 사람이 나더러 이르되 주여 주여 우리가 주의 이름으로 선지자 노릇 하며 주의 이름으로 귀신을 쫓아 내며 주의 이름으로 많은 권능을 행하지 아니하였나이까 하리니 그 때에 내가 그들에게 밝히 말하되 내가 너희를 도무지 알지 못하니 불법을 행하는 자들아 내게서 떠나가라 하리라

기도 요점

예수께서 누구를 향하여 불법을 행하는 자들아 내게서 떠나가라고 하십니까? 자신이 주의 이름으로 현재 하고 있는 것은?

도움의 말

예수께서 제자들에게 나더러 주여 주여 부르는 자마다 다 천국에 들어갈 것이 아니고, 오로지 하늘에 계신 내 아버지의 뜻대로 행하는 자라야 들어간다고 말씀하십니다. 이 세상의 끝날, 즉 심판의 날에 많은 사람이 예수님께 와 주여 주여 하면서 그들이 행하였던 일 세 가지를 말할 것이라고 하십니다. 첫째는 그들이 주의 이름으로 선지자 노릇한 것이며, 둘째는 주의 이름으로 귀신을 쫓아낸 것이며, 셋째는 주의 이름으로 많은 권능을 행한 것입니다. 그러나 예수께서는 그 때에 그들에게 내가 도무지 너희를 알지 못한다고 밝히 말씀하실 뿐만 아니라 그들을 향하여 불법을 행하는 자들아 내게서 떠나가라고 명령하실 것이라고 말씀하십니다. 예수께서 이와 같이 말씀하시는 까닭은 그들이 주의 이름으로 행하였던 세 가지 일은 주님을 사랑해서 한 것이 아니라 오로지 주의 이름을 이용하여 그들의 육체의 이익을 얻기 위하여 한 것이기 때문입니다. 그러니 예수께서 그들을 도무지 알 수가 없으신 것입니다.

46 / 지혜로운 자와 어리석은 자의 차이

마태복음 7 : 24-29

그러므로 누구든지 나의 이 말을 듣고 행하는 자는 그 집을 반석 위에 지은 지혜로운 사람 같으리니 비가 내리고 창수가 나고 바람이 불어 그 집에 부딪 치되 무너지지 아니하나니 이는 주추를 반석 위에 놓은 까닭이요 나의 이 말을 듣고 행하지 아니하는 자는 그 집을 모래 위에 지은 어리석은 사람 같으리니 비가 내리고 창수가 나고 바람이 불어 그 집에 부딪치매 무너져 그 무너짐이 심하니라 예수께서 이 말씀을 마치시매 무리들이 그의 가르치심에 놀라니 이는 그 가르치시는 것이 권위 있는 자와 같고 그들의 서기관들과 같지 아니함일러라

기도 요점

예수께서 말씀하시는 지혜로운 사람이란? 또한 예수께서 말씀하시는 어리석은 사람이란? 이 두 사람의 차이는?

도움의 말

예수께서 제자들에게 지혜로운 사람과 어리석은 사람에 관하여 가르치십니다. 지혜로운 사람이란 예수님의 말씀을 듣고 행하는 자이며, 어리석은 자는 예수님의 말씀을 듣고 행하지 아니하는 자입니다. 예수님의 말씀은 하나님의 영생의 말씀이므로 지혜로운 사람은 주추를 반석이신 예수님의 말씀 위에 놓고 집을 짓는 사람과 같습니다. 그렇기 때문에 지혜로운 사람이 지은 집은 비가 내리고 창수가 나고 바람에 부딪치지만 무너지지 않습니다. 이는 신앙인격을 건축함에 있어서 그 기초를 오로지 하나님의 말씀에 두어야만 살면서 비바람이 몰아쳐도 살아남을 수 있다는 말씀입니다. 그렇지만 예수님의 말씀을 듣고 행하지 아니하는 어리석은 사람은 집을 마치 생명의 능력이 없는 모래 위에 지은 사람과 같습니다. 그렇기 때문에 비가 내리고 창수가 나고 바람이

불어 그 집에 부딪치면 그 무너짐이 심합니다. 이 같은 예수님의 말씀을 들은 무리들이 그 가르치심에 놀랍니다. 그 까닭은 예수님의 가르치시는 것이 권위 있는 자와 같고 그들의 서기관들과 같지 아니하기 때문입니다.

47 / 나병환자를 깨끗하게 하시다

마태복음 8 : 1-4

예수께서 산에서 내려오시니 수많은 무리가 따르니라 한 나병환자가 나아와 절하며 이르되 주여 원하시면 저를 깨끗하게 하실 수 있나이다 하거늘 예수께서 손을 내밀어 그에게 대시며 이르시되 내가 원하노니 깨끗함을 받으라 하시니 즉시 그의 나병이 깨끗하여진지라 예수께서 이르시되 삼가 아무에게도 이르지 말고 다만 가서 제사장에게 네 몸을 보이고 모세가 명한 예물을 드려 그들에게 입증하라 하시니라

기도 요점

산에서 내려오신 예수님을 수많은 무리가 따르는데, 이때 나병환자가 나아와 자신을 치유해 달라고 하면서 예수께 이른 말은? 나병환자의 그 말을 들으신 예수님의 반응은?

도움의 말

마태복음 5장 1절에서 예수께서는 산에 올라가 앉으시어 12제자들에게 산상수훈을 마치고 산에서 내려오십니다. 이 같이 예수께서 산에서 내려오시니 수많은 무리가 따릅니다. 이때 한 나병환자가 나아와 예수님께 절하며 주여 원하시면 저를 깨끗하게 하실 수 있다고 말하는데, 이는 주께서는 자신을 깨끗하게 하실 수 있는 능력이 있다는 믿음의 고백이며 동시에 주께서 원하시기만 하면 자신의 나병을 치유하실 수 있다는 그의 믿음의 고백이기도 합니다. 이 같은 나병환자의 고백적인 요청을 들으신 예수께서 당시 문둥병자와 접촉한 자는 문둥병자가 상징하는 죄성에 오염된 것으로 간주되어 의식법상 똑같이 부정한 자로 취급되었음에도 불구하고 손을 내밀어 그에게 대시며 내가 원하노니 깨끗함을 받으라고 하십니다. 그러자 즉시 그의 나병이 깨끗하여집니다. 예수께서 이 같이 깨끗함을 받으라는 선포로 일어난 치유사건으로 예수님

의 권능이 드러난 것을 그 주변의 무리들이 다 보았음에도 불구하고 예수께서 그에게 삼가 아무에게도 이르지 말고 다만 가서 제사장에게 네 몸을 보이고 모세가 명한 예물을 드려 그들에게 입증하라 하십니다. 이처럼 예수께서는 레위기 13장 4-17절의 나병 규례에 따를 것을 그에게 당부하시는데, 이는 예수께서 율법의 요구를 들어주고 완성하시고 계심을 드러냅니다.

48 / 다만 말씀으로만 하옵소서.

마태복음 8 : 5-8

예수께서 가버나움에 들어가시니 한 백부장이 나아와 간구하여 이르되 주여 내 하인이 중풍병으로 집에 누워 몹시 괴로워하나이다 이르시되 내가 가서 고쳐 주리라 백부장이 대답하여 이르되 주여 내 집에 들어오심을 나는 감당하지 못하겠사오니 다만 말씀으로만 하옵소서 그러면 내 하인이 낫겠사옵나이다

기도 요점

예수께서 가버나움에 들어가시니 한 백부장이 나아와 예수에게 간구한 것은? 백부장의 간구를 들으신 예수께서 그에게 내가 가서 고쳐 주리라고 이르시는데, 이 말씀을 들은 백부장이 예수님께 드린 말씀은? 또한 이 말씀의 의미는?

도움의 말

예수께서 가버나움에 들어가시는데 한 백부장이 나아옵니다. 당시 가버나움은 군사적으로 중요한 지역으로서 팔레스틴에 주둔했던 로마군대는 타국에서 징집되지 않고 그 나라의 비유대 계열이었으므로 이방인들이었다고 합니다. 이방인 계열의 백부장이 예수께 나아와 주여 내 하인이 중풍병으로 집에 누워 몹시 괴로워한다고 말씀드립니다. 이 말씀을 들으신 예수께서 내가 가서 고쳐 주리라고 대답하십니다. 당시 로마의 지배를 받고 있었던 유대인들은 점령자인 로마인을 착취자로 그리고 종교적 이방인으로 간주하여 경멸하였고, 또한 로마인은 유대인을 편협하고 위험한 민족으로 멸시하였던 상황이었습니다. 이러한 상황에서 예수님께서 고쳐주신다는 말씀을 들은 백부장이 주여 내 집에 들어오심을 나는 감당하지 못하겠사오니 다만 말씀으로만 치유해 달라고 간곡한 부탁을 드립니다. 여기서 백부장은 예수께서 친치 자기 집에까지 가시지 않고도 말씀만 하셔도 자기 하인이 나을 것이라는 그의 믿음을 고백합니다.

49 / 네 믿은 대로 될지어다

마태복음 8 : 9-13

나도 남의 수하에 있는 사람이요 내 아래에도 군사가 있으니 이더러 가라 하면 가고 저더러 오라 하면 오고 내 종더러 이것을 하라 하면 하나이다 예수께서 들으시고 놀랍게 여겨 따르는 자들에게 이르시되 내가 진실로 너희에게 이르노니 이스라엘 중 아무에게서도 이만한 믿음을 보지 못하였노라 또 너희에게 이르노니 동 서로부터 많은 사람이 이르러 아브라함과 이삭과 야곱과 함께 천국에 앉으려니와 그 나라의 본 자손들은 바깥 어두운 데 쫓겨나 거기서 울며 이를 갈게 되리라 예수께서 백부장에게 이르시되 가라 네 믿은 대로 될지어다 하시니 그 즉시 하인이 나으니라

기도 요점

백부장이 다만 말씀만으로 내 하인의 중풍 병을 치유해 주시기를 예수님께 간청하면서 드린 말은? 백부장의 이 말을 들으신 예수께서 자기를 따르는 무리들에게 하신 두 가지 말씀은?

도움의 말

자기 하인의 중풍 병을 고쳐주시기를 예수님께 요청한 백부장이 다만 말씀만으로 치유하여 주시기를 말씀드린 바 있습니다. 그 백부장이 예수님께 나도 남의 수하에 있는 사람이요 내 아래에도 군사가 있으니 이더러 가라 하면 가고 저더러 오라 하면 오고 내 종더러 이것을 하라 하면 하오니 다만 말씀만으로 내 하인을 치유해 주시기를 간청합니다. 그의 이러한 말을 예수께서 들으시고 놀랍게 여기시며 따르는 자들에게 두 가지 말씀을 하십니다. 하나는 예수께서 이스라엘 중 아무에게서도 이만한 믿음을 보지 못하였다는 칭찬의 말씀입니다. 다른 하나는 동 서로부터 많은 사람이 이르러 아브라함과 이삭과 야곱과 함께 천국에 앉으려니와 그 나라의 본 자손들은 바깥 어두운 데 쫓겨

나 거기서 울며 이를 갈게 되리라는 말씀입니다. 이는 예수님을 이처럼 믿은 이방인 백부장은 이제 하나님의 나라에 들어가게 되었다는 말씀이며, 동시에 그 나라를 상속받게 되었다고 생각하며 자기들이 아브라함의 자손들이라고 생각하는 유대인들은 예수님을 믿지 못하므로 인하여 천국을 기업으로 얻을 수 없게 되어 바깥 어두운 데 쫓겨날 것이라는 말씀입니다. 이 같이 말씀하신 후 예수께서 백부장에게 '가라 네 믿은 대로 될지어다.' 라는 말씀을 하시니 그 즉시 하인이 낫게 됩니다.

---

50 / 귀신들린 자와 병든 자들을
말씀으로 다 고치시다

마태복음 8 : 14-17

예수께서 베드로의 집에 들어가사 그의 장모가 열병으로 앓아 누운 것을 보시고 그의 손을 만지시니 열병이 떠나가고 여인이 일어나서 예수께 수종들더라 저물매 사람들이 귀신 들린 자를 많이 데리고 예수께 오거늘 예수께서 말씀으로 귀신들을 쫓아내시고 병든 자들을 다 고치시니 이는 선지자 이사야를 통하여 하신 말씀에 우리의 연약한 것을 친히 담당하시고 병을 짊어지셨도다 함을 이루려 하심이더라

기도 요점

예수께서 말씀으로 귀신들을 쫓아내시고 병든 자들을 다 고치시니 이는 선지자 이사야를 통하여 하신 말씀에 우리의 연약한 것을 친히 담당하시고 병을 짊어지셨도다 함을 이루려 하심이더라.'는 말씀의 의미는? 예수께서 말씀으로 귀신들을 쫓아내시고 병든 자들을 다 고치시는 당시 상황을 상상해 보십시오.

도움의 말

예수께서 베드로의 집에 들어가시어 그의 장모가 열병으로 앓아 누운 것을 보십니다. 이에 예수께서 그의 손을 만지시니 열병이 떠나가고 여인이 일어나서 예수께 수종을 듭니다. 또한 저물어 가는 때에 사람들이 귀신 들린 자를 많이 데리고 예수께 옵니다. 이를 본 예수께서 말씀으로 귀신들을 쫓아내심으로 그들의 정신이 온전해 지며, 그리고 또한 병든 자들을 다 고치십니다. 이는 선지자 이사야를 통하여 하신 말씀에 우리의 연약한 것을 친히 담당하시고 병을 짊어지셨도다 함을 이루려 하심입니다. 예수께서는 고난과 죽음을 통하여 사람들의 질병과 고통을 대신 짊어지셨습니다. 이처럼 육과 영을 온전하게 하시는 예수님은 만왕의 왕이시며 또한 어두움의 세력을 완벽히 몰아내시어 새로운 세계인 하나님의 나라를 도래하게 하십니다.

51 / 예수님을 따른다는 것이란

마태복음 8 : 18-22

예수께서 무리가 자기를 에워싸는 것을 보시고 건너편으로 가기를 명하시니라 한 서기관이 나아와 예수께 아뢰되 선생님이여 어디로 가시든지 저는 따르리이다 예수께서 이르시되 하시더라 제자 중에 또 한 사람이 이르되 주여 내가 먼저 가서 내 아버지를 장사하게 허락하옵소서 예수께서 이르시되 죽은 자들이 그들의 죽은 자들을 장사하게 하고 너는 나를 따르라 하시니라

기도 요점

예수님을 따른다는 것은? 예수님을 따르겠다고 말하는 한 서기관에게 여우도 굴이 있고 공중의 새도 거처가 있으되 인자는 머리 둘 곳이 없다는 예수님의 말씀의 의미는? 제자 중에 또 한 사람이 예수께 '주여 내가 먼저 가서 내 아버지를 장사하게 허락하소서.' 라고 간청하자, 예수께서 죽은 자들이 그들의 죽은 자들을 장사하게 하고 너는 나를 따르라고 하시는데, 이 말씀의 의미는?

도움의 말

예수께서 나를 따르라고 말씀하시는 것은 예수님의 제자로서 예수님의 삶을 좇아가고 그 인격과 모습을 닮는 삶을 살도록 부르시는 것입니다. 예수님의 병 고치시는 이적을 본 무리가 와서 예수님을 에워싸는 것을 보시고 예수께서 건너편으로 가기를 명하시는데, 이때 한 서기관이 예수께로 나아와 선생님이여 어디로 가시든지 저는 따르겠다고 말합니다. 이는 그가 예수님의 가르침에 압도되어 있을 뿐만 아니라 예수님의 절대적인 권위를 인정하고 있다는 고백입니다. 이 같이 확연하게 예수님을 따르겠다고 말하는 그에게 예수께서 여우도 굴이 있고 공중의 새도 거처가 있으되 인자는 머리 둘 곳이 없다고 하십니다. 여기서 예수께서는 자기를 따르는 사람은 이 땅에서 온갖 박해

와 고통을 감수할 각오가 되어 있어야 됨을 가르쳐주십니다. 그런데 제자 중의 또 한 사람이 예수께 주여 내가 먼저 가서 내 아버지를 장사하게 허락해 달라고 청합니다. 이 두 번째 사람은 예수님을 따르고 싶지만 자신의 일을 먼저 하기를 간청합니다. 그렇지만 예수께서는 제자로 부르심을 입은 사람은 제자의 길, 즉 그리스도의 하나님나라 복음 선교사역이 우선되어야 함을 강조하기 위하여 죽은 자들이 그들의 죽은 자들을 장사하게 하고 너는 나를 따르라고 말씀하십니다. 당시 유대인들은 죽었다는 말을 어떤 사물에 대한 무관심이나 혹은 그 사물이 우리에게 아무런 영향력을 미치지 못한다는 의미로 이해하였다고 합니다. 이런 의미에서 율법에 대하여 죽었다는 말은 율법이 우리에게 아무런 영향을 끼치지 않는다는 의미이며, 죄에 대하여 죽었다는 말은 죄가 우리에게 아무런 영향을 끼치지 못한다는 의미이므로 이는 결국 우리가 율법과 죄로부터 자유롭다는 것을 의미입니다. 그러므로 죽은 자들이 그들의 죽은 자들을 장사하게 하라는 말씀은 예수님에게 무관심한 자들, 즉 영적으로 죽은 자들로 하여금 육적으로 죽은 자들을 장사하게 하라는 말씀입니다.

52 / 어찌하여 무서워하느냐
믿음이 적은 자들아

마태복음 8 : 23-27

배에 오르시매 제자들이 따랐더니 바다에 큰 놀이 일어나 배가 물결에 덮이게 되었으되 예수께서는 주무시는지라 그 제자들이 나아와 깨우며 이르되 주여 구원하소서 우리가 죽겠나이다 예수께서 이르시되 어찌하여 무서워하느냐 믿음이 작은 자들아 하시고 곧 일어나사 바람과 바다를 꾸짖으시니 아주 잔잔하게 되거늘 그 사람들이 놀랍게 여겨 이르되 이이가 어떠한 사람이기에 바람과 바다도 순종하는가 하더라

기도 요점

예수께서 제자들과 배에 오르시어 잠을 주무시는데, 바다에 큰 놀이 일어나 배들 덮게 되어 그들이 예수께 나아가 주여 구원하소서 우리가 죽겠되었다고 말씀을 드립니다. 그들의 말을 들으신 예수께서 그들에게 어찌하여 무서워하느냐 믿음이 작은 자들아 라고 꾸짖으시는데, 이 꾸짖음이 의미하는 바는? 이 말씀에 이어 예수께서 일어나시어 바람과 바다를 꾸짖으시니 아주 잔잔하게 되거늘 그 사람들이 놀랍게 여겨 이르되 이이가 어떠한 사람이기에 바람과 바다도 순종하는가 하는데, 당시 이 상황을 상상해 보십시오.

도움의 말

예수께서 배에 오르시니 제자들도 함께하였는데, 바다에 큰 놀이 일어나 배가 물결에 덮이게 되었습니다. 이를 본 어부 출신 제자들이 두려워합니다. 그런데 이 같은 거센 풍랑은 갈릴리 바다에서 흔히 일어났다고 합니다. 왜냐하면, 갈릴리 바다는 해수면보다 약 240m 아래에 위치해 있는데, 주변의 산들이 고원을 이루고 있기 때문에 바다표면의 온도가 갑자기 상승하면 기압이 생겨 남동쪽으로부터 거센 바람을 일으키게 된다고 합니다. 이 거센 바람으로

인하여 당시 갈릴리 바다에서 거센 파도를 만나게 되었는데, 이때 예수께서는 주무시고 계십니다. 이에 제자들이 주무시는 예수께 나아와 깨우며, 주여 우리를 구원하소서 우리가 죽게 되었다고 말씀드립니다. 배가 점점 가라앉는 것을 노련한 어부 출신인 그들이 감지하고 황급한 나머지 예수님께 나아와 살려달라고 이처럼 간청하는데, 예수께서 그들에게 어찌하여 무서워하느냐 믿음이 작은 자들아 하시고 곧 일어나사 바람과 바다를 꾸짖으시니 아주 잔잔하게 됩니다. 여기서 예수님은 바다만을 꾸짖으신 것이 아니라 제자들도 믿음이 없다고 꾸짖으십니다. 제자들이 위기에 처하자, 예수님께 살려달라고 간청하는 믿음은 있었지만, 그들은 하나님의 아들이시며 메시야이신 예수 그리스도께서 함께 배에 계심에도 불구하고 현상적으로 오로지 바람과 파도의 두려움만으로 휩싸여 있었습니다. 그래서 예수께서 그들에게 믿음이 적은 자들아 왜 두려워하느냐고 나무라십니다. 그렇지만 예수께서 일어나시어 말씀만으로 바람과 바다를 꾸짖으시니 그 바람과 바다가 순종하여 잠잠해졌습니다. 이를 지켜 본 사람들은 서로를 보면서 이이가 어떠한 사람이기에 바람과 바다도 순종하는가라며 놀랍니다.

53 / 귀신들린 두 사람을 고치시다

마태복음 8 : 28-34

또 예수께서 건너편 가다라 지방에 가시매 귀신 들린 자 둘이 무덤 사이에서 나와 예수를 만나니 그들은 몹시 사나워 아무도 그 길로 지나갈 수 없을 지경이더라 이에 그들이 소리 질러 이르되 하나님의 아들이여 우리가 당신과 무슨 상관이 있나이까 때가 이르기 전에 우리를 괴롭게 하려고 여기 오셨나이까 하더니 마침 멀리서 많은 돼지 떼가 먹고 있는지라 귀신들이 예수께 간구하여 이르되 만일 우리를 쫓아내시려면 돼지 떼에 들여보내 주소서 하니 그들에게 가라 하시니 귀신들이 나와서 돼지에게로 들어가는지라 온 떼가 비탈로 내리달아 바다에 들어가서 물에서 몰사하거늘 치던 자들이 달아나 시내에 들어가이 모든 일과 귀신 들린 자의 일을 고하니 온 시내가 예수를 만나려고 나가서보고 그 지방에서 떠나시기를 간구하더라

기도 요점

가다라 지방에 가신 예수님께 몹시 사나운 귀신 들린 두 사람이 나아와 '하나님의 아들이여 우리가 당신과 무슨 상관이 있나이까 때가 이르기 전에 우리를 괴롭게 하려고 여기 오셨나이까'라고 소리치는데, 그들이 소리친 이 말의 의미는?

도움의 말

가다라 지방은 팔레스틴에 있는 헬라 도시들의 연합체로서 10개의 도시 가운데 하나입니다. 그 지방은 게네사렛 호수에서 멀리 떨어져 있지 않은 곳인데 바로 그곳에 예수께서 가셨습니다. 그 지방은 석회암으로 이뤄진 언덕이 있었고 그 언덕위에는 고대 무덤들이 있었다고 하는데, 그 무덤들은 조그만 방이나 굴 식(式)으로 되어 있었다고 합니다. 아마도 귀신들린 자 둘이 그 무덤의 조그만 방이나 무덤 사이에서 나와 예수를 만나는데, 그들은 몹시 사나워

아무도 그 길을 통과할 수 없었습니다. 예수님을 만난 그들이 하나님의 아들이여 우리가 당신과 무슨 상관이 있나이까 때가 이르기 전에 우리를 괴롭게 하려고 여기 오셨나이까 라고 소리 지릅니다. 여기서 우리는 귀신들이 예수가 하나님의 아들인지 정확히 알고 있으며, 또한 마귀의 최후의 날이며 세상의 종말, 즉 대 심판의 때에 모든 악인들과 함께 영벌에 처해질 것을 알고 있다는 것입니다. 이로 보아 귀신들은 예수님이 심판 주라는 것을 알고 있습니다. 그래서 하나님의 아들이며 심판주이신 예수님에게 귀신들이 마침 그때 멀리서 많은 돼지 떼가 먹고 있는 것을 보고 만일 우리를 쫓아내시려면 돼지 떼에 들여보내 주소서라고 간청합니다. 그들의 간청대로 예수께서 그들에게 가라 하십니다. 이에 귀신들이 나와서 돼지에게로 들어가 온 돼지 떼가 비탈로 내리 달아 바다에 들어가서 물에서 몰사합니다. 이를 목격한 돼지 치던 자들이 달아나 시내에 들어가 이 모든 일과 귀신 들린 자의 일을 고합니다. 온 시내가 예수를 만나려고 나가서 보고 그 지방에서 떠나시기를 간구합니다. 이는 아마도 그 지방이 더 이상 재물의 손해를 보기를 원하지 않았기 때문이 아닐까 생각됩니다.

54 / 작은 자야 네 죄 사함을 받았느니라

마태복음 9 : 1-8

예수께서 배에 오르사 건너가 본 동네에 이르시니 침상에 누운 중풍병자를 사람들이 데리고 오거늘 예수께서 그들의 믿음을 보시고 중풍병자에게 이르시되 작은 자야 안심하라 네 죄 사함을 받았느니라 어떤 서기관들이 속으로 이르되 이 사람이 신성을 모독하도다 예수께서 그 생각을 아시고 이르시되 너희가 어찌하여 마음에 악한 생각을 하느냐 네 죄 사함을 받았느니라 하는 말과 일어나 걸어가라 하는 말 중에 어느 것이 쉽겠느냐 그러나 인자가 세상에서 죄를 사하는 권능이 있는 줄을 너희로 알게 하려 하노라 하시고 중풍병자에게 말씀하시되 일어나 네 침상을 가지고 집으로 가라 하시니 그가 일어나 집으로 돌아가거늘 무리가 보고 두려워하며 이런 권능을 사람에게 주신 하나님께 영광을 돌리니라

기도 요점

중풍병자를 데리고 예수님께로 사람들이 오자 '작은 자야 안심하라 네 죄 사함을 받았느니라.'는 예수님의 말씀으로 말미암아 서기관들이 속으로 '이 사람이 신성을 모독하도다.'라고 생각한 까닭은? 예수님을 믿음으로 치유 받아 본 경험이 있으십니까?

도움의 말

가다라 지방 사람들로부터 떠나라는 요청을 받으신 예수께서 배에 오르시어 건너가 본 동네 가버나움에 이르십니다. 이곳에서 중풍병자를 고쳐주실 능력이 예수님께 있다는 믿음으로 그 병자를 데리고 온 이들과 그를 보시고, 예수님은 작은 자야 안심하라 네 죄 사함을 받았다고 말씀하십니다. 이를 지켜보던 어떤 서기관들이 속으로 이 사람이 신성을 모독하고 있다고 생각합니다. 이를 알아채신 예수께서 그들에게 너희가 어찌하여 마음에 악한 생각을 하느

냐고 하시며 중풍병자를 향하여 네 죄 사함을 받았다고 말하는 것과 일어나 걸어가라 하는 말 중에 어느 것이 쉽겠느냐고 물으십니다. 당시 서기관들은 병 고치는 이적은 하나님의 보내심을 받는 선지자도 가능하였지만 죄 사함을 받았다는 선포는 오로지 하나님만 하실 수 있다는 것을 알고 있었습니다. 이러한 상황을 다 아시는 예수께서 그 병자에게 네 죄 사함을 받았다고 선포하신 것은 그들에게 인자가 세상에서 죄를 사하는 권능이 있는 줄을 알게 하려는데 있습니다. 이 말씀 후, 예수께서 중풍병자에게 일어나 네 침상을 가지고 집으로 가라고 하시자 그가 일어나 집으로 돌아갑니다. 이 모든 것을 보고 있었던 무리들이 이 사건을 보고 두려워하면서 이런 권능을 사람에게 주신 하나님께 영광을 돌립니다.

_____

_____

_____

_____

_____

55 / 죄인을 부르러 오신 예수님

마태복음 9 : 9-13

예수께서 그 곳을 떠나 지나가시다가 마태라 하는 사람이 세관에 앉아 있는 것을 보시고 이르시되 나를 따르라 하시니 일어나 따르니라 예수께서 마태의 집에서 앉아 음식을 잡수실 때에 많은 세리와 죄인들이 와서 예수와 그의 제자들과 함께 앉았더니 바리새인들이 보고 그의 제자들에게 이르되 어찌하여 너희 선생은 세리와 죄인들과 함께 잡수시느냐 예수께서 들으시고 이르시되 건강한 자에게는 의사가 쓸 데 없고 병든 자에게라야 쓸 데 있느니라 너희는 가서 내가 긍휼을 원하고 제사를 원하지 아니하노라 하신 뜻이 무엇인지 배우라 나는 의인을 부르러 온 것이 아니요 죄인을 부르러 왔노라 하시니라

기도 요점

예수께서 마태의 집에서 앉아 음식을 잡수실 때에 많은 세리와 죄인들이 와서 예수와 그의 제자들과 함께 앉아있는 것을 바리새인들이 보고 그의 제자들에게 어찌하여 너희 선생은 세리와 죄인들과 함께 잡수시느냐 라고 말한 까닭은? 예수께서 당시 통용되는 속담, 건강한 자에게는 의사가 쓸 데 없고 병든 자에게 라야 쓸 데 있다는 말씀을 하시는데, 이 속담을 예수께서 비유로 말씀하신 이유는? 예수께서 바리새인들과 제자들에게 '너희는 가서 내가 긍휼을 원하고 제사를 원하지 아니하노라 하신 뜻이 무엇인지 배우라'고 하시는데, 이 말씀이 의미하는 바는?

도움의 말

예수께서 지나가시다가 마태라 하는 사람이 세관에 앉아 있는 것을 보시고 그에게 나를 따르라고 말씀하십니다. 마태가 세관에 앉아 있다는 것은 그가 그일에 종사하고 있다는 말인데, 당시 세관은 대로를 통행하는 상인들에게 관세를 부과하기 위하여 길가나 마을 입구의 간이 건물에 있다는 것입니다. 세

관에 앉은 마태가 나를 따르라는 예수님의 말씀을 듣고 바로 일어나 따릅니다. 당시 세리는 욕심 많고 부정직한 것으로 알려 있기 때문에 백성들로부터 배척을 받았으며, 또한 세리는 유대사회의 도덕규범과 랍비들이 규정한 전통과 규례를 지키지 않았음으로 죄인으로 간주했습니다. 그런데 당시 예수께서 마태의 집에서 앉아 음식을 잡수시는데, 많은 세리와 죄인들이 와서 예수와 그의 제자들과 함께 앉았습니다. 이를 본 바리새인들이 예수님의 제자들에게 어찌하여 너희 선생은 세리와 죄인들과 함께 잡수시느냐고 말합니다. 바리새인들은 예수께서 이 같은 세리와 죄인들과 함께 있으므로 종교적으로나 사회적으로 의인이 될 수 없다고 제자들에게 말합니다. 이 뿐만 아니라 바리새인들에게 있어서 예수님의 이 같은 행위는 불의를 도모하는 자들과 교제를 나누면 안 된다는 율법마저도 범하는 것이기도 합니다. 이를 알아차리신 예수께서 바리새인들과 제자들 모두를 향하여 당시 통용되는 속담, 즉 건강한 자에게는 의사가 쓸 데 없고 병든 자에게 라야 쓸 데 있다는 말씀을 하시는데, 이는 병든 자라야 의원이 필요하므로 의원이 있어야 할 자리는 병자들 곁이라는 속담입니다. 이 속담에 비유하여 예수께서는 자신은 죄인들을 구하려 이 땅에 오셨기 때문에 예수께서 있어야 할 자리는 바로 죄인 곁이라고 그들에게 말씀하십니다. 이어서 예수께서는 그들에게 너희는 가서 하나님께서 말씀하신 호세아 6장 6절. '내가 긍휼을 원하고 제사를 원하지 아니하노라' 라는 말씀의 뜻이 무엇인지 배우라고 하시는데, 이는 하나님과 하나님의 백성 사이의 맺어진 언약에 준한 사랑과 긍휼을 실천하라는 말씀을 배우라는 것입니다. 그리고 예수께서는 자신이 이 땅에 하나님의 아들로 와서 하시는 사역은 죄인에게 은혜를 베풀며 그를 그 죄로부터 구원하시는 사역임을 분명하게 밝히십니다.

56 / 당신의 제자들은
어찌하여 금식하지 아니하나이까?

마태복음 9 : 14-17

그 때에 요한의 제자들이 예수께 나아와 이르되 우리와 바리새인들은 금식하는데 어찌하여 당신의 제자들은 금식하지 아니하나이까 예수께서 그들에게 이르시되 혼인집 손님들이 신랑과 함께 있을 동안에 슬퍼할 수 있느냐 그러나 신랑을 빼앗길 날이 이르리니 그 때에는 금식할 것이니라 생베 조각을 낡은 옷에 붙이는 자가 없나니 이는 기운 것이 그 옷을 당기어 해어짐이 더하게 됨이요 새 포도주를 낡은 가죽 부대에 넣지 아니하나니 그렇게 하면 부대가 터져 포도주도 쏟아지고 부대도 버리게 됨이라 새 포도주는 새 부대에 넣어야 둘이 다 보전되느니라

기도 요점

세례 요한의 제자들로부터 왜 당신의 제자들은 금식하지 아니하느냐는 질문을 받으신 예수께서 세 가지 비유로 대답하시는데, 각각의 비유는 무엇이며, 또한 그 비유의 의미 무엇입니까?

도움의 말

금식과 기도를 중심으로 철저히 금욕생활을 했다고 전해지는 세례 요한의 제자들이 예수께 나아옵니다. 이때 세례 요한은 헤롯의 일로 투옥된 상태였습니다. 그들이 예수께 나아와 우리와 바리새인들은 금식하는데 어찌하여 당신의 제자들은 금식하지 아니하느냐고 질문합니다. 당시 요한의 제자들과 함께 바리새인들은 일주일에 두 번씩(월, 목요일) 규칙적으로 금식하였으며, 또한 거국적인 금식일, 그 외에도 수시로 금식하였던 관례가 있었다고 합니다. 이러한 관습을 거슬려 예수님의 제자들이 왜 금식하지 아니하는지를 묻는 그들에게 예수께서 세 가지 비유로 대답하십니다. 첫째 비유는 혼인집 손님들이

신랑과 함께 있을 동안에 슬퍼할 수 있느냐라는 질문으로 시작하십니다. 이 질문은 혼인집 손님들과 신랑과 함께 있을 동안에는 슬퍼하지 않는다는 대답이 이미 전제되어 있습니다. 여기서 예수께서는 자신을 신랑으로, 그리고 예수님의 제자들을 신랑이신 예수님과 함께 있는 손님들로 비유하시면서 그들이 지금 예수님과 함께 있으므로 금식할 필요가 없다고 대답하십니다. 이어 예수께서 그들에게 그러나 신랑을 빼앗길 날이 이르는 그 때에는 금식할 것이라고 대답하십니다. 여기서 그 때는 예수께서 십자가에서 못 박혀 죽으시어 이 땅에서 예수님을 잃게 될 때를 가리킵니다. 이 대답은 예수님의 제자들이 이때는 울며 금식할 것이라는 말씀입니다. 이는 예수님 자신이 구약에서 예언한 종말의 날에 오실 신랑, 곧 메시야이며 따라서 그 예언된 시대가 이미 시작되었음을 말씀하고 계시는 것입니다. 두 번째 비유로 예수께서는 그들에게 생베 조각을 낡은 옷에 붙이는 자가 없나니 이는 기운 것이 그 옷을 당기어 해어짐이 더하게 될 것이기 때문이라고 말씀하십니다. 이는 한 번도 빨지 않은 생베 조각을 낡은 옷에 대고 기우면, 생베가 낡은 옷을 잡아당기어 새로 기운 효과가 전혀 없다는 비유입니다. 이 비유를 통하여 예수께서는 예수 그리스도의 복음을 유대교의식에다 접붙이려고 한다면, 이는 생베를 낡은 옷에 붙이려는 것과 같다고 그들의 질문에 대답하십니다. 세 번째 비유로 예수께서는 새 포도주를 낡은 가죽 부대에 넣지 아니하나니 그렇게 하면 부대가 터져 포도주도 쏟아지고 부대도 버리게 됨으로 새 포도주는 새 부대에 넣어야 둘이 다 보전된다고 말씀하십니다. 당시 가죽 부대는 양이나 염소 등의 가죽을 통째로 벗겨낸 후 목 부분을 제외한 나머지 부분을 다시 기워 그 안에다 액체를 담아 놓는 데 사용된 용기였다고 합니다. 이 가죽 부대가 낡아 튼튼하지 않으면 거기다 새 술을 담아두지 못하는데, 그 이유는 신축성이 없는 낡은 가죽부대는 이로 인하여 술에서 생겨나는 발효력을 감당치 못하고 터져버리기 때문입니다. 그래서 아직 발효되지 않은 새 술은 반드시 새 가죽 부대에 넣어 사용하였다고 합니다. 예수께서 이 비유를 드신 것은 예수의 가르침과 바리새인들의 가르침은 공존할 수 없기 때문에 만약 이 둘을 서로 배합하려고 한다면 하나는 파괴되고 만다는 말씀입니다. 그러므로 이 비유를 통하여 예수께서는 유대교의 금식과 같은 전통과 의식에 생명력이 충만한 예수의 가르침을 담으려고 해서는 안 된다는 것을 말씀하심으로 그들의 질문에 대답 하십니다.

57 / 한 관리의 딸과
예수의 옷을 만진 여자를 치유하시다

마태복음 9 : 18-26

예수께서 이 말씀을 하실 때에 한 관리가 와서 절하며 이르되 내 딸이 방금 죽었사오나 오셔서 그 몸에 손을 얹어 주소서 그러면 살아나겠나이다 하니 예수께서 일어나 따라가시매 제자들도 가더니 열 두 해 동안이나 혈루증으로 앓는 여자가 예수의 뒤로 와서 그 겉옷 가를 만지니 이는 제 마음에 그 겉옷만 만져도 구원을 받겠다 함이라 예수께서 돌이켜 그를 보시며 이르시되 딸아 안심하라 네 믿음이 너를 구원하였다 하시니 여자가 그 즉시 구원을 받으니라 예수께서 그 관리의 집에 가사 피리 부는 자들과 떠드는 무리를 보시고 이르시되 물러가라 이 소녀가 죽은 것이 아니라 잔다 하시니 그들이 비웃더라 무리를 내보낸 후에 예수께서 들어가시어 소녀의 손을 잡으시매 일어나는지라 그 소문이 그 온 땅에 퍼지더라

기도 요점

한 관리의 죽은 딸을 살리시고 또한 열 두해 혈루증을 앓는 여인을 예수께서 치유하시는 과정 속에서 공통적인 특징은 무엇입니까? 예수께서 질병을 치유하실 수 있다는 믿음을 고백해 본 경험이 있으십니까?

도움의 말

예수께서 마태의 잔치 집에 계시어 금식논쟁을 하실 때에 한 관리가 예수님 앞에 와서 무릎을 꿇어 존경과 깊은 경의를 표하며 내 딸이 방금 죽었사오나 오셔서 그 몸에 손을 얹어 주소서 그러면 살아나겠다는 믿음의 고백을 합니다. 이에 예수께서 일어나 따라가시는데 제자들도 함께 갔습니다. 가는 동안에 열 두 해 동안이나 혈루증으로 앓는 여자가 예수의 뒤로 와서 그 겉옷 가를 만집니다. 당시 혈루증이란 질병은 육체적으로나 의식적으로 매우 불결한 것으

로 여겨졌으므로 공동체 생활에서도 이러한 병자들을 격리시켰다고 합니다. 그런데 그 여인의 마음에는 예수님의 그 겉옷만 만져도 구원을 받을 수 있겠다는 믿음이 있었습니다. 그래서 그녀는 예수의 뒤로 와서 그 겉옷 가를 만졌던 것입니다. 그런데 바로 그때 예수께서 돌이켜 그를 보시며 딸아 안심하라 네 믿음이 너를 구원하였다고 말씀해 주십니다. 이와 같이 하여 그 여자가 그 즉시 그 병으로부터 구원을 받습니다. 그리고는 예수께서 그 관리의 집에 가시어 피리 부는 자들과 떠드는 무리를 보시고는 그들에게 물러가라고 이르십니다. 당시 사람이 죽었을 때 유대인들은 피리 부는 자들을 고용하여 떠들게 함으로써 슬픔의 극한을 표현했다고 합니다. 예수께서는 그들에게 이 소녀가 죽은 것이 아니라 잔다고 이르시자, 그들은 비웃습니다. 왜냐하면 그 소녀는 이미 죽었기 때문입니다. 그럼에도 불구하고 예수께서 무리를 내보내시고 들어가시어 소녀의 손을 잡으시매 그 소녀가 일어납니다. 이와 같이 하여 그 소문이 그 온 땅에 퍼지게 됩니다.

58 / 내가 능히 이 일 할 줄을 믿느냐

마태복음 9 : 27-31

예수께서 거기에서 떠나가실새 두 맹인이 따라오며 소리 질러 이르되 다윗의 자손이여 우리를 불쌍히 여기소서 하더니 예수께서 집에 들어가시매 맹인들이 그에게 나아오거늘 예수께서 이르시되 내가 능히 이 일 할 줄을 믿느냐 대답하되 주여 그러하오이다 하니 이에 예수께서 그들의 눈을 만지시며 이르시되 너희 믿음대로 되라 하시니 그 눈들이 밝아진지라 예수께서 엄히 경고하시되 삼가 아무에게도 알리지 말라 하셨으나 그들이 나가서 예수의 소문을 그 온 땅에 퍼뜨리니라

기도 요점

두 맹인이 예수님을 따라가며 '다윗의 자손이여 우리를 불쌍히 여기소서.' 라고 소리를 지르는데, 두 맹인이 예수님을 '다윗의 자손'이라고 호칭한 당시 배경은? 당시 예수께서 두 맹인을 치유하시는 과정을 상상해 보십시오.

도움의 말

예수께서 관리의 딸을 살리시고 그 집을 떠나 다른 곳으로 가시는데, 두 맹인이 따라오며 다윗의 자손이여 우리를 불쌍히 여겨달라고 소리를 칩니다. 당시 유대인들은 메시야를 다윗의 자손이라고 칭하고 있었습니다. 이런 배경에서 처음으로 두 맹인이 예수님에게 다윗의 자손이라고 부르는데, 이는 이사야 35장 5절 이하에서 메시야 시대에 관하여 "그 때에 소경의 눈이 밝을 것이며 귀머거리의 귀가 열릴 것이며..."라는 말씀에 근거하여 그들은 예수를 다윗의 자손으로 호칭한 것으로 볼 수 있습니다. 그들의 부르짖는 소리에 대답하지 않으시고 예수께서는 어느 집에 들어가십니다. 그런데 그 맹인들이 예수에게로 나아오는 것을 보시고 예수께서 그들에게 내가 능히 이 일 할 줄을 믿느냐라고 하시자, 그들은 주여 그렇다고 대답합니다. 그들의 이 같은 대답을 들

으신 예수께서 그들의 눈을 만지시며 너희 믿음대로 되라 하시니 그들의 눈이 밝아집니다. 그런데 예수께서 그들에게 엄히 경고하시를 삼가 이 사실을 아무에게도 알리지 말라 하십니다. 그러나 그럼에도 불구하고 그들은 나가서 예수의 이 소문을 그 온 땅에 퍼뜨립니다.

_____

_____

_____

_____

_____

59 / 말 못하는 사람을 고치시다

마태복음 9 : 32-34

그들이 나갈 때에 귀신 들려 말 못하는 사람을 예수께 데려오니 귀신이 쫓겨 나고 말 못하는 사람이 말하거늘 무리가 놀랍게 여겨 이르되 이스라엘 가운데서 이런 일을 본 적이 없다 하되 바리새인들은 이르되 그가 귀신의 왕을 의지하여 귀신을 쫓아낸다 하더라

기도 요점

예수께서 말 못하는 사람을 고치시자 이를 지켜보던 무리들의 반응은? 예수님의 이 같은 기적을 보고 있었던 바리새인들의 반응은?

도움의 말

소경을 고치셨던 그 집에서 예수님 일행이 나갈 때에 귀신 들려 말 못하는 사람을 예수께 데려옵니다. 그 사람이 벙어리가 된 원인이 귀신들린 데 있다는 것을 예수께서 아시고 귀신을 쫓아내시어 그를 치유하시므로 말 못하던 그 사람이 말을 합니다. 이미 메시야가 오시면 말 못하는 자의 혀가 노래할 것이라는 예언을 이사야가 한 바 있습니다(사 35 : 5, 6). 그렇기 때문에 말 못하는 자를 말할 수 있게 한 이적은 메시야가 육신의 몸으로 이 땅에 오셨음을 보여주는 명백한 증거였습니다. 당시 예수님의 이 같은 이적을 지켜보던 무리가 놀라워하며 이스라엘 가운데서 이런 일을 본 적이 없다고 말합니다. 그러자 바리새인들은 예수가 귀신의 왕을 의지하여 귀신을 쫓아낸다고 말하는데, 이는 예수가 사단을 방편으로 삼아 사단의 능력을 덧입어서 병자를 치유했다는 말입니다. 이와 같이하여 그들은 기적을 행하신 하나님의 능력을 사단의 힘으로 돌리는 악의에 찬 말을 합니다.

60 / 무리를 불쌍히 여기시다

마태복음 9 : 35-38

예수께서 모든 도시와 마을에 두루 나니사 그들의 회당에서 가르치시며 천국 복음을 전파하시며 모든 병과 모든 약한 것을 고치시니라 무리를 보시고 불쌍히 여기시니 이는 그들이 목자 없는 양과 같이 고생하며 기진함이라 이에 제자들에게 이르시되 추수할 것은 많되 일꾼이 적으니 그러므로 추수하는 주인에게 청하여 추수할 일꾼들을 보내 주소서 하라 하시니라

기도 요점

예수께서 무리를 불쌍히 여기신 까닭은? 예수께서 갈릴리 전역에서 쉬지 아니하시고 하신 일은? 예수께서 제자들에게 추수할 것은 많되 일꾼이 적으니 그러므로 추수하는 주인에게 청하여 추수할 일꾼들을 보내 주소서 하라고 말씀하시는데, 이 말씀의 의미는?

도움의 말

예수께서 모든 도시와 마을에 두루 다니시며 그들의 회당에서 하시는 일이 세 가지입니다. 하나는 가르치시는 일이며, 다른 하나는 천국 복음을 전파하시는 일이며, 또 다른 하나는 모든 병과 모든 약한 것을 고치시는 일입니다. 이처럼 예수께서는 갈릴리 전 지역을 순회하시며 늘 무리들 가운데서 하나님의 통치에 관한 좋은 소식과 메시야가 도래하시어 다스리시는 복된 천국복음을 전파하시고 가르치시는데, 예수님 자신이 바로 천국복음이며, 예수님의 메시지가 바로 그 복음의 내용입니다. 그리스도 예수께서 가시는 곳마다 하나님께서 함께 하시는 증거들로서 병과 약한 것을 치유하시는데, 이를 통하여 예수께서는 생명을 주시는 기적을 행하십니다. 이러한 과정에서 예수님은 무리들이 목자 없는 양과 같이 고생하며 기진한 것을 보시고 불쌍히 여기십니다. 이스라엘에서는 모세와 여호수아 같은 지도자들이 목자로 비유되었는데, 예

수님 당시 이스라엘의 종교 지도자들은 예수께서 보시기에 무리들의 목자로서의 역할을 하지 못하기 때문에 그들이 목자 없이 방황하는 양떼로 보이셨습니다. 이에 예수께서 제자들에게 추수할 것은 많되 일꾼이 적으니 추수하는 주인이신 하나님께 청하여 추수할 일꾼들을 보내 주소서 하라고 이르십니다. 이 말씀에서 우리가 알 수 있는 것이 두 가지입니다. 하나는 천국복음을 듣고 믿을 사람이 많다는 것이며, 다른 하나는 천국일꾼은 누가 원한다고 해서 자기 스스로 될 수 있는 것이 아니라 전적으로 하나님의 섭리에 의해 택함을 받아야 하는 것입니다.

61 / 열 두 제자에게 명하신 일

마태복음 10 : 1-8

예수께서 그의 열 두 제자를 부르사 더러운 귀신을 쫓아내며 모든 병과 모든 약한 것을 고치는 권능을 주시니라 열 두 사도의 이름은 이러하니 베드로라 하는 시몬을 비롯하여 그의 형제 안드레와 세베대의 아들 야고보와 그의 형제 요한, 빌립과 바돌로매, 도마와 세리 마태, 알패오의 아들 야고보와 다대오, 가나나인 시몬 및 가룟 유다 곧 예수를 판 자라 예수께서 이 열둘을 내보내시며 명하여 이르시되 이방인의 길로도 가지 말고 사마리아인의 고을에도 들어가지 말고 오히려 이스라엘 집의 잃어버린 양에게로 가라 가면서 전파하여 말하되 천국이 가까이 왔다 하고 병든 자를 고치며 죽은 자를 살리며 나병환자를 깨끗하게 하며 귀신을 쫓아내되 너희가 거저 받았으니 거저 주라

기도 요점

예수께서 열 두 제자를 부르시어 더러운 귀신을 쫓아내며 모든 병과 모든 약한 것을 고치는 권능을 주시고 그들에게 명하신 일은? 예수께서 제자들에게 명하신 일들을 하되 '너희가 거저 받았으니 거저 주라'고 말씀하시는데, 이 말씀을 묵상하십시오.

도움의 말

예수께서 열 두 제자를 부르시고 두 가지 권능을 주십니다. 하나는 더러운 귀신을 쫓아내는 능력입니다. 여기서 귀신이란 문자적으로 '더러운 영들' 혹은 '악한 영들'이라는 의미인데, 이러한 영들은 하나님을 대적하고 인간의 정신과 도덕 생활과 육체에 해를 끼칩니다. 다른 하나는 모든 병과 모든 약한 것을 고치는 권능입니다. 예수 그리스도로부터 전권을 위임받아 하나님나라 복음 전파를 위하여 부름 받은 사도의 이름은 시몬 베드로, 그의 형제 안드레, 세베대의 아들 야고보와 그의 형제 요한, 빌립과 바돌로매, 도마와 세리 마

태, 알패오의 아들 야고보와 다대오, 가나나인 시몬 및 예수님을 판 가룟 유다입니다. 예수께서 이 열 둘을 내보내시며 그들이 가야 할 곳과 해야 할 일을 명하십니다. 예수님은 그들에게 이방인의 길로 가지 말라고 하십니다. 이는 이방인을 향하여 가지 말라는 말씀입니다. 또한 그들에게 예수님은 사마리아인의 고을에도 들어가지 말고 오히려 이스라엘 집의 잃어버린 양에게로 가라고 명하십니다. 사마리아는 북이스라엘의 수도인데, 이곳은 주전 722년 앗시리아의 살만에셀에 의하여 멸망당했습니다. 이때 살만에셀은 북이스라엘인을 포로로 끌고 갈 뿐만 아니라 이민족(異民族)을 사마리아에 대거 이주하게 함으로 그 민족들이 북이스라엘인과 통혼하게 됩니다. 이와 같이하여 사마리아인은 혈통과 문화와 종교에서 선민으로서의 순수성을 상실하게 되어 더 이상 히브리 공동체에 끼이지 못하게 되었습니다. 이에 유대인들은 혼합 족속이 된 사마리아인들을 경멸하여 그들과의 교제를 완전히 단절하기에 이르렀습니다. 그리하여 예수님 당시 유대인들은 예루살렘에 갈 때 갈릴리와 예루살렘 사이의 직통거리인 사마리아를 거치지 않고 우회하여 왕래하곤 하였다고 합니다. 이러한 상황에서 사도로 부르심을 입고 주로부터 권능을 덧입은 제자들은 이스라엘 집의 잃어버린 양에게로 가서 주께서 명하신 세 가지 일을 합니다. 첫째는 천국이 가까이 왔다는 복음 선포이며, 둘째는 병든 자를 고치며 죽은 자를 살리며 나병환자를 깨끗하게 하는 일이며, 그리고 셋째는 귀신을 쫓아내는 일입니다. 예수께서는 그들에게 이러한 일들을 하되 '너희가 거저 받았으니 거저 주라'고 명하십니다.

62 / 제자들의 전도방법

마태복음 10 : 9-15

너희 전대에 금이나 은이나 동을 가지지 말고 여행을 위하여 배낭이나 두 벌 옷이나 신이나 지팡이를 가지지 말라 이는 일꾼이 자기의 먹을 것 받는 것이 마땅함이라 어떤 성이나 마을에 들어가든지 그 중에 합당한 자를 찾아내어 너희가 떠나기까지 거기서 머물라 또 그 집에 들어가면서 평안하기를 빌라 그 집이 이에 합당하면 너희 빈 평안이 거기 임할 것이요 만일 합당하지 아니하면 그 평안이 너희에게 돌아올 것이니라 누구든지 너희를 영접하지도 아니하고 너희 말을 듣지도 아니하거든 그 집이나 성에서 나가 너희 발의 먼지를 떨어 버리라 내가 진실로 너희에게 이르노니 심판 날에 소돔과 고모라 땅이 그 성보다 견디기 쉬우리라

기도 요점

제자들이 전도여행을 떠날 때 예수께서 그들에게 이르신 말씀 가운데 '전대에 금이나 은이나 동을 가지지 말고 여행을 위하여 배낭이나 두 벌 옷이나 신이나 지팡이를 가지지 말라'는 말씀의 의미는? 또한 제자들에게 '누구든지 너희를 영접하지도 아니하고 너희 말을 듣지도 아니하거든 그 집이나 성에서 나가 너희 발의 먼지를 떨어 버리라 내가 진실로 너희에게 이르노니 심판 날에 소돔과 고모라 땅이 그 성보다 견디기 쉬우리라'는 예수님의 말씀이 의미하는 바는?

도움의 말

예수께서 제자들에게 전도 시 취해야 할 방법 네 가지를 말씀해 주십니다. 첫째는 그들의 전대에 금이나 은이나 동을 가지지 말라는 말씀인데, 이는 당시 금, 은, 동으로 만든 로마나 헬라의 화폐를 가지지 말라는 것입니다. 왜냐하면 그들을 보내시는 하나님께서 그들의 필요를 준비해 주시기 때문입니다. 둘

째는 전도 여행을 위하여 배낭이나 두 벌 옷이나 신이나 지팡이를 가지지 말라는 말씀입니다. 왜냐하면 일꾼이 자기의 먹을 것 받는 것이 마땅하기 때문입니다. 이는 제자들에 의하여 복음을 들은 사람들이나 혹은 병고침을 입은 자들이 그들의 필요한 것을 공급할 것이라는 말씀입니다. 셋째는 어떤 성이나 마을에 들어가든지 그 중에 합당한 자를 찾아내어 제자들이 떠나기까지 거기에 머물고 또 그 집에 들어가면서 평안하기를 빌라고 말씀하십니다. 만약 그들이 들어간 그 집이 이에 합당하면 그들이 빈 평안이 거기 임할 것이며, 그러나 그 집이 만일 합당하지 아니하면 그 평안이 그들에게 돌아올 것이라고 예수께서 말씀해 주십니다. 넷째는 누구든지 그들을 영접하지도 아니하고 그들의 말을 듣지도 아니하면, 그 집이나 성에서 나가 그들의 발의 먼지를 떨어 버리라는 말씀입니다. 더 나아가 예수께서 제자들에게 심판 날에 소돔과 고모라 땅이 제자들이 들어간 그 성보다 견디기 쉬울 것이라고 말씀하십니다. 이는 제자들이 선포한 복음을 듣지 아니하고 그들을 영접하지 아니하는 것은 심판 날에 심판만 있을 따름이라는 말씀입니다.

63 / 뱀 같이 지혜롭고 비둘기 같이 순결하라

마태복음 10 : 16-20

보라 내가 너희를 보냄이 양을 이리 가운데로 보냄과 같도다 그러므로 너희는 뱀 같이 지혜롭고 비둘기 같이 순결하라 사람들을 삼가라 그들이 너희를 공회에 넘겨 주겠고 그들의 회당에서 채찍질하리라 또 너희가 나로 말미암아 총독들과 임금들 앞에 끌려 가리니 이는 그들과 이방인들에게 증거가 되게 하려 하심이라 너희를 넘겨 줄 때에 어떻게 또는 무엇을 말할까 염려하지 말라 그 때에 너희에게 할 말을 주시리니 말하는 이는 너희가 아니라 너희 속에서 말씀하시는 이 곧 너희 아버지의 성령이시니라

기도 요점

예수께서 제자들을 파송하면서 '내가 너희를 보냄이 양을 이리 가운데로 보냄과 같도다. 그러므로 너희는 뱀 같이 지혜롭고 비둘기 같이 순결 하라'고 말씀하시는데. 이 말씀의 의미는? 또한 제자들에게 '사람들을 삼가라'고 예수께서 말씀하시는데, 그 까닭은?

도움의 말

예수께서 양 같은 제자들을 하나님나라 복음을 거절하고 또한 그 복음으로 인하여 고통과 박해까지 받을 수 있는 이리 같은 파송지로 보내십니다. 이 같이 위험한 처지에 처하게 될 제자들에게 예수께서는 그들을 파송하시면서 세 가지 당부의 말씀을 하십니다. 첫째는 뱀 같이 지혜롭고 비둘기 같이 순결 하라는 당부의 말씀입니다. 이는 뱀 같이 기민한 분별력으로 제자들이 처할 위험으로부터 벗어날 것과 이와 더불어 비둘기 같은 순결함으로 어떤 위협에도 굴하지 말라는 당부의 말씀입니다. 둘째는 사람들을 삼가라고 하시는데, 그 이유는 그들이 제자들을 공회에 넘겨주겠고 그들의 회당에서 채찍질할 것이기 때문입니다. 그렇기 때문에 이리와 같은 사람들로부터 자신을 보호하라

고 예수께서 제자들에게 당부하십니다. 셋째는 제자들이 예수님으로 말미암아 총독들과 임금들 앞에 끌려갈 것인데, 끌려갈 때에 어떻게 또는 무엇을 말할까 염려하지 말라는 당부의 말씀입니다. 제자들이 이 같이 세상 임금들 앞에 끌려가는 것은 그들과 이방인들에게 증거가 되게 하려는데 있습니다. 그러므로 그 때에 하나님 아버지의 성령께서 제자들에게 할 말을 주신다고 예수께서 일러 주십니다.

64 / 미움을 받지만
끝까지 견디는 자는 구원을 얻으리라

마태복음 10 : 21-23

장차 형제가 형제를, 아버지가 자식을 죽는 데에 내주며 자식들이 부모를 대적하여 죽게 하리라 또 너희가 내 이름으로 말미암아 모든 사람에게 미움을 받을 것이나 끝까지 견디는 자는 구원을 얻으리라 이 동네에서 너희를 박해하거든 저 동네로 피하라 내가 진실로 너희에게 이르노니 이스라엘의 모든 동네를 다 다니지 못하여서 인자가 오리라

기도 요점

예수께서 제자들에게 너희가 내 이름으로 말미암아 모든 사람에게 미움을 받을 것이나 끝까지 견디는 자는 구원을 얻으리라고 말씀하시는데, 이 말씀의 의미는? 또한 예수께서 그들에게 이 동네에서 너희를 박해하거든 저 동네로 피하라 내가 진실로 너희에게 이르노니 이스라엘의 모든 동네를 다 다니지 못하여서 인자가 오리라고 말씀하시는데, 이 말씀의 의미는?

도움의 말

예수께서 제자들을 파송하시면서 미움과 박해를 받을 것에 관하여 세 가지를 말씀하여 주십니다. 첫째는 장차 형제가 형제를, 아버지가 자식을 죽는 데에 내주며 자식들이 부모를 대적하여 죽게 하리라는 말씀입니다. 이 같이 믿지 않는 형제와 부모와 자식들 사이에서 서로를 대적하여 죽게 하기 까지 이르는 까닭은 예수의 제자인 네가 영원하신 하나님 아버지를 믿고 사랑하기 때문입니다. 둘째는 예수님의 이름으로 말미암아 모든 사람에게 미움을 받을 것이지만 끝까지 견디는 자는 구원을 얻으리라는 말씀입니다. 예수의 제자들이 예수 그리스도를 믿고 그를 증거하며 그를 온전히 따르는 삶을 살기 때문에 부모형제를 비롯하여 다른 모든 사람들로부터 미움을 받게 됩니다. 그러나 이를 생

명이 다 할 때까지나 혹은 참고 견디며 인내하지 않아도 될 때까지 견디는 사람은 완전하고 절대적인 구원이 약속되어 있다고 예수께서 말씀하십니다. 셋째는 이 동네에서 제자들을 박해하거든 저 동네로 피하라는 말씀입니다. 이는 그리스도 예수님의 이름을 증거 하면서 순리적으로 그들의 생명을 보존하라는 명령입니다. 이 같은 명령을 예수께서 제자들에게 하신 까닭은 그들이 이스라엘의 모든 동네를 다 다니지 못하여 인자이신 그리스도 예수께서 오시기 때문입니다. 이 말씀을 통하여 예수께서는 자신이 마지막 날의 심판자이심을 그들에게 말씀하여 주십니다.

65 / 복음전파의 자세

마태복음 10 : 24-27

제자가 그 선생보다, 또는 종이 그 상전보다 높지 못하나니 제자가 그 선생 같고 종이 그 상전 같으면 족하도다 집 주인을 바알세불이라 하였거든 하물 며 그 집 사람들이랴 그런즉 그들을 두려워하지 말라 감추인 것이 드러나지 않을 것이 없고 숨은 것이 알려지지 않을 것이 없느니라 내가 너희에게 어두 운 데서 이르는 것을 광명한 데서 말하며 너희가 귓속말로 듣는 것을 집 위 에서 전파하라

기도 요점

예수께서 제자들에게 말씀해 주신 복음전파의 자세 세 가지 가운데, '제자가 그 선생보다, 또는 종이 그 상전보다 높지 못하나니 제자가 그 선생 같고 종 이 그 상전 같으면 족하도다'라는 말씀의 의미? 또한 '집 주인을 바알세불 이라 하였거든 하물며 그 집 사람들이랴 그런즉 그들을 두려워하지 말라 감 추인 것이 드러나지 않을 것이 없고 숨은 것이 알려지지 않을 것이 없느니라' 는 말씀의 의미? 그리고 '내가 너희에게 어두운 데서 이르는 것을 광명한 데 서 말하며 너희가 귓속말로 듣는 것을 집 위에서 전파하라'는 말씀의 의미?

도움의 말

예수께서는 제자들에게 복음전파의 자세 세 가지를 말씀해 주십니다. 첫째는 제자가 그 선생보다, 또는 종이 그 상전보다 높지 못하나니 제자가 그 선생 같고 종이 그 상전 같으면 족하다는 말씀입니다. 이는 당시 익히 알려진 격언 입니다. 이 격언을 통하여 예수께서는 선생이신 자신이 욕설과 핍박을 받았으 니 그의 제자들은 이 보다 더 큰 어려움과 핍박이 있을 것을 말씀해 주시면서 제자가 그 선생 같고 종이 그 상전 같으면 족하다고 말씀하십니다. 이는 예수 님의 제자들은 예수님보다 더 큰 어려움이 있을 것이라는 말씀입니다. 둘째는

집 주인을 바알세불이라 하였거든 하물며 그 집 사람들이야 오죽하겠느냐는 말씀입니다. 당시 유대인들은 예수께서 귀신을 내쫓으시는 것을 보고 귀신의 왕 바알세불의 힘으로 이 일을 한다고 말한 바 있습니다. 유대인들이 집 주인이신 예수님을 향하여 이 같이 말하는데, 그 집 사람들인 제자들에게는 얼마나 더 악한 말을 하겠느냐고 말씀하십니다. 그런즉 그들을 두려워하지 말라고 예수께서 제자들에게 말씀하시면서 감추인 것이 드러나지 않을 것이 없고 숨은 것이 알려지지 않을 것이 없다고 하십니다. 이는 제자들이 복음을 전파하면서 핍박을 받는다 하더라도 끝까지 담대하게 그 사역을 감당하면 하나님께서 그 모든 것의 진실을 드러내주실 것이라는 말씀입니다. 셋째는 내가 너희에게 어두운 데서 이르는 것을 광명한 데서 말하며 너희가 귓속말로 듣는 것을 집 위에서 전파하라는 말씀입니다. 이는 예수께서 제자들에게만 비유와 같은 숨겨진 말로 이르신 가르침의 말씀과 교훈을 두려워하지 말고 공개적으로 온 세상에 선포할 것을 말씀하시는 것입니다.

66 / 두려워하지 말라

마태복음 10 : 28-33

몸은 죽여도 영혼은 능히 죽이지 못하는 자들을 두려워하지 말고 오직 몸과 영혼을 능히 지옥에 멸하실 수 있는 이를 두려워하라 참새 두 마리가 한 앗 사리온에 팔리지 않느냐 그러나 너희 아버지께서 허락하지 아니하시면 그 하나도 땅에 떨어지지 아니하리라 너희에게는 머리털까지 다 세신 바 되었나니 두려워하지 말라 너희는 많은 참새보다 귀하니라 누구든지 사람 앞에서 나를 시인하면 나도 하늘에 계신 내 아버지 앞에서 그를 시인할 것이요 누구든 지 사람 앞에서 나를 부인하면 나도 하늘에 계신 내 아버지 앞에서 그를 부 인하리라

기도 요점

제자들이 복음전파 시 직면할 수 있는 생명의 위협에 대하여 예수께서 두려워 하지 말라고 하시는데, 그 이유는? 예수께서 제자들에게 '너희에게는 머리털 까지 다 세신 바 되었나니 두려워하지 말라 너희는 많은 참새보다 귀하니라 누구든지 사람 앞에서 나를 시인하면 나도 하늘에 계신 내 아버지 앞에서 그 를 시인할 것이요 누구든지 사람 앞에서 나를 부인하면 나도 하늘에 계신 내 아버지 앞에서 그를 부인하리라'고 하시는데, 이 말씀의 의미는?

도움의 말

예수께서 제자들에게 복음 전파 시 두려워하지 말아야 할 것과 두려워해야 될 것에 관한 가르침을 주십니다. 복음전파자가 두려워하지 말아야 할 대상은 몸 은 죽여도 영혼은 능히 죽이지 못하는 자들입니다. 그러나 복음전파자가 두려 워해야 할 분은 오직 몸과 영혼을 능히 지옥에 멸하실 수 있는 하나님이십니 다. 여기서 예수께서는 제자들이 복음전파를 할 때 돌보시는 하나님에 관한 말씀 두 가지를 하십니다. 하나는 참새 두 마리가 한 앗사리온에 팔린다 하더

라도 하나님 아버지께서 허락하지 아니하시면 그 하나도 땅에 떨어지지 아니한다는 말씀입니다. 이는 참새의 생명도 하나님께서 허락하지 아니하시면 그 누구도 그것을 해칠 수 없는데, 하물며 참새보다 더 귀한 복음전파자의 생명을 하나님께서 지키지 아니하겠느냐는 말씀입니다. 다른 하나는 하나님께서는 복음전파자들의 머리털까지 다 세신 바 되었으므로 조금도 두려워하지 말라는 말씀입니다. 이는 제자들의 모든 형편과 사정을 다 아시는 하나님께서 허락하지 아니하시면, 아무도 그들을 해칠 수 없다는 말씀입니다. 그렇기 때문에 몸은 죽이되 영혼은 능히 죽이지 못하는 자들의 위협 앞에서 복음전파자가 예수님을 시인하면 예수님도 하늘에 계신 예수님의 아버지 앞에서 그를 시인할 것이며, 누구든지 사람 앞에서 예수님을 부인하면 예수님도 하늘에 계신 예수님의 아버지 앞에서 그를 부인할 것이라고 말씀하십니다.

67 / 검을 주러 왔다

마태복음 10 : 34-39

내가 세상에 화평을 주러 온 줄로 생각하지 말라 화평이 아니요 검을 주러 왔
노라 내가 온 것은 사람이 그 아버지와, 딸이 어머니와, 며느리가 시어머니와
불화하게 하려 함이니 사람의 원수가 자기 집안 식구리라 아버지나 어머니를
나보다 더 사랑하는 자는 내게 합당하지 아니하고 아들이나 딸을 나보다 더
사랑하는 자도 내게 합당하지 아니하며 또 자기 십자가를 지고 나를 따르지
않는 자도 내게 합당하지 아니하니라 자기 목숨을 얻는 자는 잃을 것이요 나
를 위하여 자기 목숨을 잃는 자는 얻으리라

기도 요점

예수께서 '내가 세상에 화평을 주러 온 줄로 생각하지 말라 화평이 아니요 검
을 주러 왔노라'고 말씀하시는데, 이 말씀이 의미는? 예수께서 말씀하시는 '
예수님에게 합당한 자'는 누구입니까?

도움의 말

예수님 당시 유대인들은 메시야가 오면 정치적 해방으로 인한 화평함과 물질
적 축복이 올 것으로 기대하고 있었습니다. 그런데 예수께서는 내가 온 것은
그들이 바라는 그러한 화평을 주려함이 아니라 오히려 검을 주러 왔다고 말
씀하십니다. 물론 예수께서는 평화를 위하여 이 땅에 오셨습니다. 평화의 왕
으로 오신 예수께서 말씀하시는 그 평화를 이 땅에 건설하는데 있어서 가장
우선 되는 것은 죄악으로 구조화된 이 땅의 질서를 척결하는 것입니다. 왜냐
하면 메시야이신 예수님께서 말씀하시는 평화는 그 척결 위에 세워질 것이기
때문입니다. 그래서 예수님은 검을 주러 오셨다고 말씀하셨고, 또한 메시야
로서 예수께서 선포하신 하나님의 나라가 완성되어 가는 과정에서 기존 질서
를 유지하려는 세상은 예수님의 말씀과 가르침을 완강히 거부합니다. 이 같

은 거부로 인하여 죽기 살기의 혈전이 이어질 것이며, 이 싸움의 가장 치열한 곳이 바로 예수님의 십자가입니다. 이런 의미에서 예수님은 내가 온 목적은 사람이 그 아버지와, 딸이 어머니와, 며느리가 시어머니와 불화하게 하려 함이라고 말씀하십니다. 이는 사람의 원수가 자기 집안 식구일 것이라는 말씀입니다. 이와 관련하여 예수님께서 자기에게 합당한 사람에 관한 말씀 세 가지를 하십니다. 첫째는 아버지나 어머니를 예수님보다 더 사랑하는 자는 예수님에게 합당하지 아니하다는 말씀입니다. 둘째는 아들이나 딸을 예수님보다 더 사랑하는 자도 예수님에게 합당하지 아니하다는 말씀입니다. 셋째는 자기 십자가를 지고 예수님을 따르지 않는 자도 예수님에게 합당하지 아니하다는 말씀입니다. 그리고 결론적으로 예수님은 자기를 따르는 자에게 자기 목숨을 얻는 자는 잃을 것이요 예수님을 위하여 자기 목숨을 잃는 자는 얻을 것이라고 말씀하십니다.

68 / 상을 받을 사람

마태복음 10 : 40-42

너희를 영접하는 자는 나를 영접하는 것이요 나를 영접하는 자는 나를 보내신 이를 영접하는 것이니라 선지자의 이름으로 선지자를 영접하는 자는 선지자의 상을 받을 것이요 의인의 이름으로 의인을 영접하는 자는 의인의 상을 받을 것이요 또 누구든지 제자의 이름으로 이 작은 자 중 하나에게 냉수 한 그릇이라도 주는 자는 내가 진실로 너희에게 이르노니 그 사람이 결단코 상을 잃지 아니하리라 하시니라

기도 요점

예수께서 제자들을 파송하시면서 '너희를 영접하는 자는 나를 영접하는 것이요 나를 영접하는 자는 나를 보내신 이를 영접하는 것'이라고 말씀하시는데, 이 말씀이 의미하는 바는? 예수님으로부터 파송 받은 제자들을 영접하는 사람들이 받을 상에 관하여 세 가지의 상, 즉 선지자의 상과 의인의 상, 그리고 냉수 한 그릇을 준 사람의 상을 말씀하시는데, 이 상들을 상상해 보십시오.

도움의 말

예수께서 제자들을 파송하시면서 '너희를 영접하는 자는 나를 영접하는 것이요 나를 영접하는 자는 나를 보내신 이를 영접하는 것'이라고 말씀해 주십니다. 사실 예수님의 제자들은 그들이 파송 받아 가는 곳에서 그들의 생각과 뜻을 전하는 것이 아니고 오로지 그리스도 예수님의 복음을 전파하며 그리스도의 일을 합니다. 그렇기 때문에 제자들을 영접하는 것이 곧 예수님을 영접하는 것이 됩니다. 예수님도 이 땅에 오셔서 그리스도 예수님 안에 계시는 하나님이 예수님을 통하여 하나님의 일을 하셨습니다. 이와 마찬가지로 예수님에 의하여 파송 받은 제자들 안에 계시는 그리스도 예수님이 그들을 통하여 그리스도의 일을 하시므로 제자들을 영접하는 자는 사실 그리스도를 영접하는 것

이 되며, 더 나아가 예수님을 보내신 하나님을 영접하는 것이 됩니다. 이어서 예수께서는 자기로부터 파송 받은 제자들을 영접하는 자들이 받을 상에 관한 말씀 세 가지를 하십니다. 첫째는 선지자의 이름으로 선지자를 영접하는 자는 선지자의 상을 받을 것이라는 말씀입니다. 이는 그리스도의 복음을 전파하는 제자들을 하나님의 영에 감동된 하나님의 메신저로 예우를 하는 사람은 선지자의 상급에 참여하게 된다는 말씀입니다. 둘째는 의인의 이름으로 의인을 영접하는 자는 의인의 상을 받을 것이라는 말씀입니다. 여기서 의인이란 예수께서 보내신 제자들이 전한 그리스도의 복음의 말씀을 듣고 믿을 뿐만 아니라 실제 삶 속에서 실천하는 사람을 지칭합니다. 이러한 사람은 의인의 상에 참여하게 된다는 말씀입니다. 셋째는 누구든지 제자의 이름으로 이 작은 자 중 하나에게 냉수 한 그릇이라도 주는 사람은 결단코 상을 잃지 아니한다는 말씀입니다. 여기서 예수님은 예수님의 이름으로 예수님의 제자들과 그들이 전한 복음을 받아드리며 냉수 한 그릇으로라도 그들을 환대하는 사람은 결코 상을 잃지 않는다고 말씀하십니다.

69 / 오실 그이가 당신입니까

마태복음 11 : 1-6

예수께서 열 두 제자에게 명하기를 마치시고 이에 그를의 여러 동네에서 가르치시며 전도하시려고 거기를 떠나가시니라 요한이 옥에서 그리스도께서 하신 일을 듣고 제자들을 보내어 예수께 여짜오되 오실 그이가 당신이오니이까 우리가 다른 이를 기다리오리이까 예수께서 대답하여 이르시되 너희가 가서 듣고 보는 것을 요한에게 알리되 맹인이 보며 못 걷는 사람이 걸으며 나병환자가 깨끗함을 받으며 못 듣는 자가 들으며 죽은 자가 살아나며 가난한 자에게 복음이 전파된다 하라 누구든지 나로 말미암아 실족하지 아니하는 자는 복이 있도다 하시니라

기도 요점

옥에 있는 세례 요한이 그의 제자들을 보내어 예수께 오실 그이가 당신입니까, 아니면, 우리가 다른 이를 기다려야 되느냐고 묻는데, 이에 대한 예수님의 대답은? 예수께서 '누구든지 나로 말미암아 실족하지 아니하는 자는 복이 있도다'고 말씀하시는데, 이 말씀의 의미는?

도움의 말

예수께서 열 두 제자에게 전도교육을 마치고 그들을 파송하신 후 거기를 떠나십니다. 이때 세례 요한이 옥에 있었습니다. 왜냐하면 동생의 아내 헤로디아를 취한 헤롯을 세례 요한이 책망하였기 때문에 이에 분노한 헤롯이 그를 옥에 가두게 된것입니다. 이와 같이하여 요한이 옥에서 그리스도께서 하신 일을 듣게 됩니다. 그리하여 요한이 그의 제자들을 보내어 예수께 하나의 질문을 하게 합니다. 그의 질문은 오실 그이가 당신입니까 아니면, 우리가 다른 이를 기다려야 되느냐는 것입니다. 이 질문에 예수께서 요한의 제자들에게 대답하시기를 너희가 가서 듣고 보는 것을 요한에게 알리라고 하십니다. 그들이

보고 들은 것은 여섯 가지입니다. 첫째는 맹인이 보는 것이며, 둘째는 못 걷는 사람이 걷는 것이며, 셋째는 나병환자가 깨끗함을 받게 된 것이며, 넷째는 못 듣는 자가 듣게 된 것이며, 다섯째는 죽은 자가 살아나는 것이며, 그리고 여섯째는 가난한 자에게 복음이 전파되는 것입니다. 예수님 당시 유대인들은 정치적이며 물질적으로 급격한 변화와 심판을 동반한 눈에 보이는 해방을 그들에게 가져다 줄 메시야를 기다리고 있었기 때문에 예수께서 메시야로서 행하시는 위의 여섯 가지를 보고도 그들이 그토록 기다리고 있었던 예수님을 거부합니다. 이 같이 예수님을 거부함으로 인하여 그들은 예수님을 통한 구원의 혜택을 받지 못하게 되었습니다. 이러한 시대적 배경을 잘 알고 계시는 예수께서 누구든지 나로 말미암아 실족하지 아니하는 자는 복이 있다고 말씀하신 것입니다. 이는 당시 유대인들처럼 그들의 잘못된 메시야 관으로 인하여 실족하지 아니하고 메시야로서 예수님과 예수님의 사역을 믿는 사람은 영원한 생명과 하나님의 나라를 유업으로 받는 복이 있다는 말씀입니다.

70 / 세례 요한에 관한 예수님의 말씀

마태복음 11 : 7-11

그들이 떠나매 예수께서 무리에게 요한에 내하여 말씀하시되 너희가 무엇을 보려고 광야에 나갔더냐 바람에 흔들리는 갈대냐 그러면 너희가 무엇을 보려고 나갔더냐 부드러운 옷 입은 사람이냐 부드러운 옷을 입은 사람들은 왕궁에 있느니라 그러면 너희가 어찌하여 나갔더냐 선지자를 보기 위함이었더냐 옳다 내가 너희에게 이르노니 선지자보다 더 나은 자니라 기록된 바 보라 내가 내 사자를 네 앞에 보내노니 그가 네 길을 네 앞에 준비하리라 하신 것이 이 사람에 대한 말씀이니라 내가 진실로 너희에게 말하노니 여자가 낳은 자 중에 세례 요한보다 큰 이가 일어남이 없도다 그러나 천국에서는 극히 작은 자라도 그보다 크니라

기도 요점

세례 요한에 관한 예수님의 말씀 가운데 '너희가 무엇을 보려고 광야에 나갔더냐 바람에 흔들리는 갈대냐 그러면 너희가 무엇을 보려고 나갔더냐 부드러운 옷 입은 사람이냐 부드러운 옷을 입은 사람들은 왕궁에 있느니라.'는 질문을 무리들에게 하시는데, 이 질문들의 의미는? 또한 예수께서 무리들에게 '그러면 너희가 어찌하여 나갔더냐 선지자를 보기 위함이었더냐 옳다 내가 너희에게 이르노니 선지자보다 더 나은 자니라 기록된 바 보라 내가 내 사자를 네 앞에 보내노니 그가 네 길을 네 앞에 준비하리라 하신 것이 이 사람에 대한 말씀이니라'고 하시는데, 이 말씀의 의미는? 예수께서 세례 요한을 '여자가 낳은 자 중에 세례 요한보다 큰 이가 일어남이 없도다 그러나 천국에서는 극히 작은 자라도 그보다 크니라'고 하시는데, 이 말씀의 의미는?

도움의 말

세례 요한의 제자들이 떠나니 예수께서 무리에게 요한에 대하여 말씀하십니

다. 그 무리들 가운데 어떤 이는 요한에게도 갔었던 것으로 보입니다. 왜냐하면 낙타털 옷을 입고 허리에 가죽 띠를 띠고 음식은 메뚜기와 석청을 먹는 세례 요한이 광야에서 회개하라 천국이 가까이 왔다고 전파하여 말할 때, 당시 예수님 주변에 있었던 무리들도 그에게 나아가 들었을 것이기 때문입니다. 그렇기 때문에 예수께서 그 무리들에게 요한에 관한 설명을 세 가지 형태의 질문으로 말씀하십니다. 첫째, 너희가 무엇을 보려고 광야에 나갔었느냐, 혹 너희가 광야에 나갔던 이유가 요단강 하류에서 많이 자라는 바람에 흔들리는 갈대를 보려 갔던 것이냐고 묻습니다. 여기서 갈대란 변덕이 심한 마음을 상징하는 것으로서 이 질문은 그들이 요한을 주관이 없는 자로 이해하고 있었더냐라는 질문이기도 합니다. 사실 세례 요한은 예수가 메시야이심을 증언한 바 있습니다(3:11-14; 요 1:19-36; 3:27-30). 둘째, 예수께서 무리들에게 그러면 너희가 무엇을 보려고 나갔더냐 부드러운 옷 입은 사람이냐 라고 질문하시면서 이어서 부드러운 옷을 입은 사람들은 왕궁에 있다고 말씀하십니다. 이미 언급한 것처럼 요한은 약대 털옷과, 가죽 띠를 띤 소박한 옷차림을 하였으므로 이 질문은 너희가 요한을 보려고 광야에 나간 것은 왕궁에 있는 헤롯처럼 부드러운 옷을 입은 외모를 보러나갔던 것이 아니지 않느냐는 말씀입니다. 셋째, 그러면 너희가 어찌하여 나갔더냐 선지자를 보기 위함이었더냐 라는 질문을 하십니다. 이는 그들이 광야에 있는 요한에게 나아간 이유가 바로 선지자를 보기 위함이었으면, 이는 옳다고 하시면서 세례 요한은 선지자보다도 더 나은 자라고 말씀하십니다. 그리고 예수께서는 말라기 3장 1절, 보라 내가 내 사자를 네 앞에 보내노니 그가 네 길을 네 앞에 준비하리라 하신 것이 바로 세례 요한에 대한 말씀이라고 하십니다. 여기서 예수께서는 세례 요한을 하나님의 나라를 예비하는 선지자 엘리야로서 성육신 하신 하나님의 선구자임을 천명하십니다. 더 나아가 예수께서 무리들에게 여자가 낳은 자 중에 세례 요한보다 큰 이가 일어남이 없다고 말씀하시는데, 이는 세례 요한은 친히 메시야의 길을 준비하였을 뿐만 아니라 그리스도 예수님을 직접 만나 그리스도를 만백성에게 소개하였으므로 구약의 다른 선지자들과 비교할 때 가장 큰 자라는 말씀입니다. 그렇지만 천국에서는 극히 작은 자라도 세례 요한 보다 크다고 예수께서 말씀하십니다. 여기서 말하는 천국이란 세상에 현존하는 질서와 세계를 심판 한 후에 전혀 차원이 다른 영원한 새로운 새 세계로서 하나님의 절대적인 통치와 초월적인 주권을 의미합니다. 이런 하나님의 왕권은 현재적 실제이면서 더불어 최후의 날 하나님을 반대하는 세력들을 하나님이 완전히 전멸시킴으로 인하여 하나님의 왕권이 완성이 됩니다. 이런 의미에서 천국에 참여한 자는 초월적인 하나님의 영광에 참여하는 자이므로 이 천국의 도래를 예비하고 선포하는 세례 요한보다 크다고 예수께서 말씀하십니다.

71 / 들을 귀 있는 자는 들을 지어다

마태복음 11 : 12-15

세례 요한의 때부터 지금까지 천국은 침노를 당하나니 침노하는 자는 빼앗느니라 모든 선지자와 율법이 예언한 것은 요한까지니 만일 너희가 즐겨 받을진대 오리라 한 엘리야가 곧 이 사람이니라 귀 있는 자는 들을 지어다

기도 요점

예수께서 무리들에게 '세례 요한의 때부터 지금까지 천국은 침노를 당하나니 침노하는 자는 빼앗느니라'고 말씀하시는데, 이 말씀의 의미는? '만일 너희가 즐겨 받을진대 오리라 한 엘리야가 곧 이 사람이니라 귀 있는 자는 들을 지어다'라는 예수님의 말씀의 의미는?

도움의 말

예수께서 세례 요한의 때부터 지금까지 천국은 침노를 당하고 침노하는 자는 빼앗는다고 무리에게 말씀하십니다. 이는 예수께서 하나님의 아들로 이 땅에 오셔서 전파하신 천국 복음과 이에 관한 능력 있는 가르침과 또한 초능력적인 치유사건으로 천국에 많은 이들을 참여하게 하였을 뿐만 아니라 계속하여 힘차게 뻗어나가고 있다는 말씀입니다. 이어서 예수께서 모든 선지자와 율법이 예언한 것은 요한까지라고 말씀하시는데, 여기서 예수님은 두 가지를 우리에게 말씀해 주십니다. 하나는 말라기 선지자 이후 약 400년간 침묵의 기간이 흘렀으나 세례 요한의 선구자적 사역을 통해 구약은 최종 마감되었다는 말씀입니다. 다른 하나는 구약 전체에서 예언된 말씀은 이 땅에 임하신 메시야 이신 자신에 관한 말씀이라는 것입니다. 또한 예수께서 만일 당시 유대인들이 엘리야로서 주의 길을 예비한 주의 사자로서의 세례 요한의 사명을 즐겨 받을진대, 그들은 이 땅에 오시어 율법과 구약의 예언을 성취하신 예수님을 즐겨 받을 수 있을 것이라고 하시면서 귀 있는 자는 들으라고 말씀하십니다. 예수께서는 이제까지 말씀하신 매우 중요하고 확실한 말씀을 주의하여 듣고 깨달아 확신하는 자리에까지 나가도록 이 말씀을 듣는 이들에게 당부하십니다.

72 / 이 세대를 무엇으로 비유할까

마태복음 11 : 16-19

이 세대를 무엇으로 비유할까 비유하긴대 아이들이 장디에 앉아 제 동무를 불러 이르되 우리가 너희를 향하여 피리를 불어도 너희가 춤추지 않고 우리가 슬피 울어도 너희가 가슴을 치지 아니하였다 함과 같도다 요한이 와서 먹지도 않고 마시지도 아니하매 그들이 말하기를 귀신이 들렸다 하더니 인자는 와서 먹고 마시매 말하기를 보라 먹기를 탐하고 포도주를 즐기는 사람이요 세리와 죄인의 친구로다 하니 지혜는 그 행한 일로 인하여 옳다 함을 얻느니라

기도 요점

예수께서 세례 요한과 예수님 세대의 사람들을 비유로 말씀하셨는데, 그 비유는 무엇이며, 그 비유의 의미? 이 비유가 자신에게 주는 의미는?

도움의 말

예수께서는 요한과 자신의 동시대 사람들을 비유로 말씀하십니다. 예수께서는 일상생활에서 잘 알려진 사건들과 비교하면서 영적인 지혜를 사람들에게 알게 하십니다. 예수님에 의하면, 이 세대는 아이들이 장터에 앉아 제 동무를 불러 한쪽에서는 피리를 부는 데 그들은 춤을 추지 않습니다. 당시 피리와 춤은 결혼식과 같은 잔치 집에서 기쁨을 나타내는 방식이었다고 합니다. 그러므로 한쪽 아이들이 결혼식놀이를 하고 있는데, 그들은 이에 관심을 두지 않았다는 비유입니다. 장터에서 아이들이 앉아 제 동무를 불로 다른 한쪽에서는 슬피 울어도 그들은 가슴을 치지 아니하는데, 이는 아이들이 장례식 놀이를 하여도 그들은 관심을 두지 않았다는 비유입니다. 이 비유를 통하여 예수께서는 세례 요한과 예수님의 동시대 사람들, 즉 유대인들이 회개와 애통해 할 것을 강조한 세례 요한에게 무관심하였고, 또한 죄로부터 그들을 구원하시려 이 땅에 오시어 기쁜 하나님 나라의 복음을 전파하시는 예수님 자신에게

대하여도 무관심하다고 말씀하십니다. 보다 구체적으로 예수께서 이르시기를 요한이 와서 먹지도 않고 마시지도 아니하니까 그들은 요한을 향하여 귀신이 들렸다 하더니 인자는 와서 먹고 마시니까 그들은 예수님을 향하여 먹기를 탐하고 포도주를 즐기는 사람이며 세리와 죄인의 친구라고 하니 지혜는 그 행한 일로 인하여 옳다 함을 얻는다고 하십니다. 당시 세대 사람들은 세례 요한과 예수님의 생활 방식 모두에 무관심 할뿐만 아니라 비난까지 하였지만 하나님의 지혜가 인도하시는 대로 요한과 예수님은 살았기 때문에 결국 요한과 예수님은 하나님으로부터 옳다함을 받는다고 예수께서 말씀하십니다.

73 / 회개하지 아니하는 도시들

마태복음 11 : 20-24

예수께서 권능을 가장 많이 행하신 고을들이 회개하지 아니하므로 그 때에 책망하시되 화 있을진저 고라신아 화 있을진저 벳새다야 너희에게 행한 모든 권능을 두로와 시돈에서 행하였더라면 그들이 벌써 베옷을 입고 재에 앉아 회개하였으리라 내가 너희에게 이르노니 심판 날에 두로와 시돈이 너희보다 견디기 쉬우리라 가버나움아 네가 하늘에까지 높아지겠느냐 음부에까지 낮아지리라 네게 행한 모든 권능을 소돔에서 행하였더라면 그 성이 오늘까지 있었으리라 내가 너희에게 이르노니 심판 날에 소돔 땅이 너보다 견디기 쉬우리라 하시니라

기도 요점

예수께서 권능으로 많은 이적을 행하셨던 유대인 성읍 사람들을 향하여 화 있을진저 라고 말씀하시는데, 그들이 당하는 화는? 예수께서 권능으로 이적을 행하신 궁극적인 목적은 무엇입니까?

도움의 말

권능을 가장 많이 행하신 고을들이 회개하지 아니하므로 예수께서 고라신과 벳새다와 가버나움을 책망하십니다. 우선 가버나움과의 거리가 그리 멀지 않은 곳에 위치해 있는 고라신과 갈릴리 호수와 강둑 위에 위치해 있었던 것으로 보는 벳새다에서 예수님은 권능으로 이적들을 행하시어 자신이 메시야이심을 드러내셨음에도 불구하고 이곳의 사람들은 회개하지 아니하였습니다. 그리하여 예수께서 그들을 향하여 화가 있을 것이라고 책망하십니다. 그렇기 때문에 예수께서는 이 성읍의 사람들을 향하여 너희에게 행한 모든 권능을 두로와 시돈에서 행하였더라면 그들이 벌써 베옷을 입고 재에 앉아 회개하였을 것이라고 꾸짖습니다. 여기서 두로와 시돈은 팔레스틴 북부 지중해 연안 뵈

니게의 항구도시인데, 구약 선지자들은 간혹 이곳을 바알 우상 숭배지로 여겨 심판을 예언하였다고 합니다. 그런데 예수께서는 마지막 심판 날에 두로와 시돈이 고라신과 뱃새다 보다 견디기 쉬울 것이라고 말씀하시는데, 이는 예수께서 많은 권능을 행하셨던 유대인의 성읍 고라신과 벳새다가 회개하고 예수님을 메시야로 믿지 않았기 때문에 이방도시보다 더 견디기 어려운 심판을 받을 것이라는 말씀입니다. 그리고 예수님의 동네이고 사역지인 가버나움에서도 예수님은 많은 이적들을 행하시어 다른 어느 성읍들보다 더 많은 회개의 기회를 제공하셨습니다. 이러한 가버나움을 향하여 예수께서 네가 하늘에까지 높아지겠느냐 음부에까지 낮아지리라고 말씀하십니다. 이는 당시 가버나움 사람들이 예수님의 이적과 권능을 보았고, 또한 하나님나라가 바로 이 성읍에서 힘 있게 확산되므로 교만하여 하늘에까지 높아지려고 하는데, 결국에는 교만한 자들이 종말적으로 처하게 될 저주와 멸망의 장소인 음부에까지 낮아질 것이라는 말씀입니다. 이어서 예수께서 가버나움을 향하여 네게 행한 모든 권능을 소돔에서 행하였더라면 그 성이 오늘까지 있었으리라고 말씀하시면서 심판 날에 소돔 땅이 가버나움보다 견디기 쉬울 것이라고 하십니다. 예수님의 이 같이 말씀하신 도시는 로마군과 유대인 사이의 전쟁으로 인해 초토화되었다고 합니다. .

74 / 아들의 소원대로 계시를 받는 자 외에는 아버지를 아는 자가 없느니라

마태복음 11 : 25-27

그 때에 예수께서 대답하여 이르시되 천지의 주재이신 아버지여 이것을 지혜롭고 슬기 있는 자들에게는 숨기시고 어린 아이들에게는 나타내심을 감사하나이다 옳소이다 이렇게 된 것이 아버지의 뜻이니이다 내 아버지께서 모든 것을 내게 주셨으니 아버지 외에는 아들을 아는 자가 없고 아들과 또 아들의 소원대로 계시를 받는 자 외에는 아버지를 아는 자가 없느니라

기도 요점

예수께서 천지의 주재이신 아버지께 이것을 지혜롭고 슬기 있는 자들에게는 숨기시고 어린 아이들에게는 나타내심을 감사하면서 옳소이다 이렇게 된 것이 아버지의 뜻이라고 말씀하시는데, 이 말씀의 의미는? 또한 '내 아버지께서 모든 것을 내게 주셨으니 아버지 외에는 아들을 아는 자가 없고 아들과 또 아들의 소원대로 계시를 받는 자 외에는 아버지를 아는 자가 없느니라.'는 말씀의 의미는?

도움의 말

앞 절 말씀에서 하나님의 권능을 보고도 믿지 아니하는 도시들의 사람에 관한 말씀을 하시는 그 때입니다. 예수께서는 천지의 주재이신 아버지여 이것을 지혜롭고 슬기 있는 자들에게는 숨기시고 어린 아이들에게는 나타내심을 감사하다고 말씀하십니다. 이는 예수님의 기도이며 찬송의 말씀입니다. 이는 천지의 주재이신 아버지, 즉 우주를 주관하시며 모든 피조물의 주인이신 하나님께서 메시야 이신 예수께서 행하신 이적을 보고도 믿지 아니하는 자칭 지혜롭고 슬기롭다는 사람에게는 숨기시고 순박하고 솔직하여 이를 보고 믿는 사람들에게는 나타내시어 하나님을 믿게 하시니 감사하다는 말씀입니다. 이

것이 바로 하나님의 뜻이기 때문에 예수께서는 곧 이어서 옳소이다 이렇게 된 것이 아버지의 뜻이라고 말씀하십니다. 이어서 예수님은 하나님 아버지의 아들이신 자기의 소원대로 계시를 받은 자 외에는 하나님 아버지를 알지 못한다는 것에 관한 두 가지 말씀을 하십니다. 하나는 천지의 주재이신 아버지께서 모든 것을 그 아들이신 자기에게 주셨으므로 아버지 외에는 아들을 아는 자가 없다고 말씀하십니다. 이 말씀은 아버지 하나님과 그 아들 예수 그리스도의 관계가 인격적 일체성을 이루는 특별한 것으로 그 어떤 것도 그 사이에 있을 수 없다는 말씀입니다. 즉 이는 그리스도 예수님의 신성을 드러내는 말씀입니다. 다른 하나는 아들과 또 아들의 소원대로 계시를 받는 자 외에는 아버지를 아는 자가 없다는 말씀입니다. 이는 하나님의 아들이신 예수 그리스도의 계시를 통하여서만 하나님 아버지를 알 수 있다는 말씀입니다.

75 / 수고하고 무거운 짐 진 자들아
다 내게로 오라

마태복음 11 : 28-30

수고하고 무거운 짐 진 자들아 다 내게로 오라 내가 너희를 쉬게 하리라 나는 마음이 온유하고 겸손하니 나의 멍에를 메고 내게 배우라 그리하면 너희 마음이 쉼을 얻으리니 이는 내 멍에는 쉽고 내 짐은 가벼움이라 하시니라

기도 요점

예수께서 수고하고 무거운 짐 진 자들은 다 내게로 오라 내가 너희를 쉬게 하리라고 하시는데, 그들은 어떤 사람들입니까? 예수께서 '나의 멍에를 메고 내게 배우라 그리하면 너희 마음이 쉼을 얻으리니 이는 내 멍에는 쉽고 내 짐은 가벼움이라.'고 말씀하시는데, 이 말씀의 의미는?

도움의 말

예수님께서 스스로 너무 많은 일을 하여 피곤에 지친 사람과 전통적으로 다른 사람에 의하여 무거운 짐을 진 자는 다 내게로 오라고 말씀하십니다. 예수께서는 이 같이 수고하고 무거운 짐 진 사람들이 자신에게로 오면, 그들을 쉬게 하여 주신다고 하십니다. 이는 마지막 날의 영원한 안식과 함께 일상생활의 평화와 안식까지도 의미합니다. 누구든지 예수께로 가기만 하면 현세와 내세에서의 쉼을 누립니다. 이어서 예수께서는 나는 마음이 온유하고 겸손하니 나의 멍에를 메고 내게 배우라 그리하면 너희 마음이 쉼을 얻을 것이라고 말씀하십니다. 여기서 마음이 온유하고 겸손하다는 말씀은 예수 그리스도께서는 종으로서 다른 사람을 섬기시며 고난을 당하셨기 때문에 다른 사람의 아픔을 아신 다는 의미입니다. 멍에는 당시 짐승들에게 무거운 짐들을 지게 하여 그것들을 부리기 위하여 씌우는 도구라고 합니다. 그런데 팔레스틴에서는 멍에를 혼자 메는 것이 아니라 항상 짝을 이루어 두 노역자가 함께 메었다고

합니다. 이런 의미에서 예수께서 나의 멍에를 메고 내게 배우라는 말씀은 바로 예수와 함께 멍에를 메는 것임을 의미입니다. 게다가 이와 같은 예수님의 멍에는 율법학자들이 요구하는 무거운 짐이 아니라 오히려 안식을 가져다주며 평강을 가져다주므로 쉽고도 가벼운 것입니다.

76 / 인자는 안식일의 주인이라

마태복음 12 : 1-8

그 때에 예수께서 안식일에 밀밭 사이로 가실새 제자들이 시장하여 이삭을 잘라 먹으니 바리새인들이 보고 예수께 말하되 보시오 당신의 제자들이 안식일에 하지 못할 일을 하나이다 예수께서 이르시되 다윗이 자기와 그 함께 한 자들이 시장할 때에 한 일을 읽지 못하였느냐 그가 하나님의 전에 들어가서 제사장 외에는 자기나 그 함께 한 자들이 먹어서는 안 되는 진설병을 먹지 아니하였느냐 또 안식일에 제사장들이 성전 안에서 안식을 범하여도 죄가 없음을 너희가 율법에서 읽지 못하였느냐 내가 너희에게 이르노니 성전보다 더 큰 이가 여기 있느니라 나는 자비를 원하고 제사를 원하지 아니하노라 하신 뜻을 너희가 알았더라면 무죄한 자를 정죄하지 아니하였으리라 인자는 안식일의 주인이니라 하시니라

기도 요점

안식일에 예수께서 밀밭 사이로 가시는데, 제자들이 시장하여 이삭을 잘라 먹는 것을 본 바리새인들이 당신의 제자들이 안식일에 하지 못할 일을 한다고 말하자 이에 대한 예수님의 반응은? 예수께서 바리새인들에게 성전보다 더 큰 이가 여기 있다고 하시며 또한 인자는 안식일의 주인이라고 말씀하시는데, 이 말씀의 의미는?

도움의 말

안식일은 하나님께서 천지를 창조하시고 안식을 취하신 날인데, 율법에는 이 날을 기념하고 또한 쉬라고 명합니다. 출애굽기 31장 14절에 보면, 그 날을 더럽히는 자는 모두 죽일 지며 그 날에 일하는 자는 모두 그 백성 중에서 그 생명이 끊어지리라고 말합니다. 예수께서 안식일에 밀밭 사이로 가시는데 제자들이 시장하여 이삭을 잘라 먹습니다. 신명기 23장 25절에 네 이웃의 곡식

밭에 들어갈 때에는 네가 손으로 그 이삭을 따도 된다는 말씀이 있습니다. 그 렇지만 그 일을 제자들이 안식일에 행했기 때문에 문제가 된 것입니다. 그리 하여 당시 바리새인들이 안식일에 밀 이삭을 잘라먹는 제자들을 보고 즉시 예 수님께 말하기를 보시오 당신의 제자들이 안식일에 하지 못할 일을 하고 있 다고 보고합니다. 이에 예수께서 그들에게 두 가지 질문을 하십니다. 하나는 다윗이 자기와 그 함께 한 자들이 시장할 때에 하나님의 전에 들어가서 제사 장 외에는 자기나 그 함께 한 자들이 먹어서는 안 되는 진설병을 먹지 아니하 였느냐는 질문입니다. 이는 사무엘상 21장에 보면, 다윗이 요나단의 도움으 로 자신을 죽이려던 사울을 피하여 호위병 몇 명과 함께 도망하다가 놉에 있 는 하나님의 전(殿)에 들어가 제사장 아히멜렉이 주는 거룩한 떡으로 그들의 주린 배를 간신히 채웠던 일을 말씀하신 것입니다. 예수께서 바리새인들에게 하신 첫 번째 질문은 배고픈 제자들이 밀 이삭을 먹은 것은 율법에 어긋나지 않는다는 말씀입니다. 다른 하나는 안식일에 제사장들이 성전 안에서 안식을 범하여도 죄가 없음을 너희가 율법에서 읽지 못하였느냐는 질문입니다. 안식 일 법은 십계명 중 제 4계명에 근거를 둔 것이지만 제사장들은 아무 일도 안 식일에 할 수 없도록 규정된 규례에도 불구하고 안식일 마다 이스라엘 자손 을 위하여 여호와 앞에 항상 진설병을 대체하는 일과 수양 둘을 희생 제물로 드리는 등의 일을 합니다. 제사장이 이 같이 안식을 범하여도 죄가 없음을 율 법에서 읽지 못하였느냐고 예수님께서 말씀하시는데, 이러한 율법의 규정은 안식일에 관한 법이 하위법이며, 성전에 관한 법이 상위법이므로 상위법을 지 키기 위해 하위 법을 범해도 된다고 하는 것이 구약성경 자체가 인정하고 있 다는 말씀입니다. 여기까지 말씀하신 예수께서 바리새인들에게 내가 너희에 게 이르노니 성전보다 더 큰 이가 여기 있다고 말씀하시는데, 여기서 우리는 두 가지 의미를 알 수 있습니다. 하나는 성전법이 안식일 법에 우선하는 것처 럼 성전의 주인이신 하나님의 아들 예수는 성전법보다 우선한다는 의미이며, 다른 하나는 하나님은 성전인 예수 안에서 임재하시고 그 안에서 자신을 계 시하시므로 예수님은 모세보다, 아브라함보다, 또한 성전보다 더 크다는 의미입니다. 이와 같이 말씀하신 예수님께서 이웃에게 사랑과 자비를 베풀지 아니하고 오로지 종교의식에만 관심을 갖고 제사를 드리는 바리새인들에게 나는 자비를 원하고 제사를 원하지 아니하신 다는 하나님의 뜻을 알지 못하므로 무죄한 자를 정죄한다고 말씀하십니다. 그리고 이어서 예수께서는 인자는 안식일의 수인이라고 말씀하시는데, 이는 당시 안식일의 규례에 매여 감당할 수 없을 만큼 복잡하고 까다로운 율법의 무거운 멍에를 매고 있는 사람들을 그 멍에로부터 벗어나게 하시고 또한 쉼을 주시는 분이 바로 안식일의 주인이신 예수님 자신이라는 사실을 말씀하신 것입니다.

77 / 손 마른 사람을 치유하시다

마태복음 12 : 9-13

거기에서 떠나 그들의 회당에 들어가시니 한쪽 손 마른 사람이 있는지라 사람들이 예수를 고발하려 하여 물어 이르되 안식일에 병 고치는 것이 옳으니이까 예수께서 이르시되 너희 중에 어떤 사람이 양 한 마리가 있어 안식일에 구덩이에 빠졌으면 끌어내지 않겠느냐 사람이 양보다 얼마나 더 귀하냐 그러므로 안식일에 선을 행하는 것이 옳으니라 하시고 이에 그 사람에게 이르시되 손을 내밀라 하시니 그가 내밀매 다른 손과 같이 회복되어 성하더라

기도 요점

예수께서 회당에 들어가셨을 때 손 마른 사람이 있었는데, 그곳의 유대인들이 예수께 안식일에 병 고치는 것이 옳으냐는 질문을 한 까닭은? 이 질문을 받으신 예수께서 양 한 마리가 있어 안식일에 구덩이에 빠졌으면 끌어내지 않겠느냐 사람이 양보다 더 귀하다고 그들에게 말씀하신 후 그 손 마른 사람을 치유하시는데, 그들의 질문에 대한 예수님의 이 같은 말씀이 의미하는 바는?

도움의 말

예수께서 당시 경건한 유대인들은 매일 회당을 방문하며 또한 모든 유대인들은 안식일과 절기 때에 회당을 방문하였다고 합니다. 이 같은 회당은 유대인들의 종교사회의 중심이므로 재판이나 죄인을 석방하는 일을 위한 장소이기도 하였습니다. 이러한 회당에 예수께서 들어가시니 그 곳에 한쪽 손 마른 사람이 있었습니다. 그곳의 사람들이 예수님을 고발하려고 안식일에 병 고치는 것이 옳으냐는 질문을 예수님께 합니다. 그때 바리새인들은 안식일에 동물이 웅덩이에 빠지면 우선 그 날을 잘 지낼 수 있을 만큼의 음식을 넣어주었지만, 만일 그 동물의 목숨이 위태로울 때에는 사람이 그 동물을 직접 그 웅덩이에서 끌어냈다고 합니다. 이를 다 아시는 예수께서 그들에게 이르시기를 너희

중에 어떤 사람이 양 한 마리가 있어 안식일에 구덩이에 빠졌으면 끌어내지 않겠느냐고 하시며 사람이 양보다 얼마나 더 귀하냐고 말씀하십니다. 안식일에 구덩이에 빠진 양의 생명을 구해내는데, 양보다 더 귀한 손 마른 사람을 안식일에 고치는 선한 행위를 행하는 것이 옳다고 말씀하시며, 예수께서 그 사람에게 손을 내밀라 하십니다. 그리자 그 손 마른 사람이 손을 내밀매 다른 손과 같이 회복됩니다.

78 / 치유 받은 이들에게
자기를 나타내지 말라하시는 예수님

마태복음 12 : 14-21

바리새인들이 나가서 어떻게 하여 예수를 죽일까 의논하거늘 예수께서 아시고 거기를 떠나가시니 많은 사람이 따르는지라 예수께서 그들의 병을 다 고치시고 자기를 나타내지 말라 경고하셨으니 이는 선지자 이사야를 통하여 말씀하신 바 보라 내가 택한 종 곧 내 마음에 기뻐하는 바 내가 사랑하는 자로다 내가 내 영을 그에게 줄 터이니 그가 심판을 이방에 알게 하리라 그는 다투지도 아니하며 들레지도 아니하리니 아무도 길에서 그 소리를 듣지 못하리라 상한 갈대를 꺾지 아니하며 꺼져가는 심지를 끄지 아니하기를 심판하여 이길 때까지 하리니 또한 이방들이 그의 이름을 바라리라 함을 이루려 하심이니라

기도 요점

바리새인들이 회당에 있는 손 마른 사람을 고치시는 예수님을 본 후, 회당을 떠나는데, 그 까닭은? 예수께서 많은 병자들을 다 고치시고 자기를 나타내지 말라 경고하셨는데, 그 까닭은?

도움의 말

안식일에 예수께서 손 마른 사람을 치유하시는 것을 본 바리새인들이 예수님을 안식일을 범하는 율법 위반자로 규정하고 회당으로부터 나가 어떻게 하여야 예수를 죽일 수 있을까 의논합니다. 여기서부터 바리새인들은 예수님을 죽이려는 의도로 예수님의 복음 전도사역을 힘들게 합니다. 그들의 의도를 다 아시는 예수께서 거기를 떠나가시는데, 많은 사람이 따릅니다. 이에 예수께서 그들의 병을 다 고치시고 자기를 나타내지 말라 경고하십니다. 이 같은 경고는 예수께서 행하신 기적행위를 드러내지 말라는 말씀인데, 그 이유는 두 가지로 볼 수 있습니다. 하나는 당시 유대인들은 불치의 병들의 치유는 오실

메시야만이 할 수 있다고 믿었으며 또한 오실 메시야는 그들을 로마의 압제로부터 구원하고 해방시켜줄 것으로 믿고 기다리고 있었습니다. 그러므로 그 치유사건이 유대인들에게 알려지면 당장 예수께로 와 그들의 임금으로 삼으려고 하면 예수께서는 십자가 위에서의 죽음과 부활을 통한 메시야의 사역을 감당할 수 없게 되기 때문에 함구명을 내리신 것입니다. 다른 하나는 선지자 이사야를 통하여 말씀하신 바를 이루기 위해서입니다. 이사야 42장 1절 이하의 말씀이 인용됩니다, 여기서 메시야 이신 예수님은 하나님께서 하나님을 떠난 인간의 죄를 대속하기 위한 목적으로 선택하신 종이며, 하나님의 성령으로 기름 부은 자이시며, 이방에 심판을 알게 하십니다. 또한 고난 받는 종으로서의 메시야 이며 하나님의 아들이신 예수 그리스도는 다투지도 아니하며 어수선하게 시끄럽지 아니하신데, 이는 메시야로서의 예수님의 모습이 온유하고 겸손하다는 것을 나타냅니다. 즉 메시야 이신 예수님은 자신을 드러내지 않은 상태로 메시야의 직무를 수행할 수 있을 뿐만 아니라 또한 지금 하고 계시므로 16절에서 예수님은 치유 받은 이들에게 자기를 나타내지 말라고 말씀하신 것입니다. 그리고 또한 메시야이신 예수님께서는 상한 갈대를 꺾지 아니하며 꺼져가는 심지를 끄지 아니하기를 심판하여 이길 때까지 하시기 때문에 많은 병자들에게 긍휼과 사랑으로 그들의 병을 치유하여 주십니다. 여기서 심판하여 이길 때까지란 메시야 이신 예수께서 온유 겸손과 섬김의 도를 통해서 하나님의 공의를 세상의 악의 세력 위에 세우게 될 때까지를 뜻하는 것으로 이는 예수께서 십자가에 달려 죽으시고 부활하심으로써 죽음을 정복하셨고 하나님의 공의를 이 땅 위에 굳게 세우신 십자가의 사건을 의미합니다.

79 / 귀신 들려 눈 멀고 말 못하는 사람을
치유하신 예수님

마태복음 12 : 22-25

그 때에 귀신 들려 눈 멀고 말 못하는 사람을 데리고 왔거늘 예수께서 고쳐 주시매 그 말 못하는 사람이 말하며 보게 된지라 무리가 다 놀라 이르되 이는 다윗의 자손이 아니냐 하니

바리새인들은 듣고 이르되 이가 귀신의 왕 바알세불을 힘입지 않고는 귀신을 쫓아내지 못하느니라 하거늘 예수께서 그들의 생각을 아시고 이르시되 스스로 분쟁하는 나라마다 황폐하여질 것이요 스스로 분쟁하는 동네나 집마다 서지 못하리라

기도 요점

예수께서 귀신 들려 눈 멀고 말 못하는 사람을 치유하시는 기적을 본 그곳의 무리들이 놀라며 이는 다윗의 자손이 아니냐는 반응을 보였는데, 이 반응의 의미는? 또한 바리새인들이 무리들의 반응을 보고 들으며 이르기를 이가 귀신의 왕 바알세불을 힘입지 않고는 귀신을 쫓아내지 못한다고 하자. 이에 예수께서 그들의 생각을 아시고 스스로 분쟁하는 나라마다 황폐하여질 것이요 스스로 분쟁하는 동네나 집마다 서지 못한다고 말씀하시는데, 이 말씀의 의미는?

도움의 말

그때에 귀신 들려 눈 멀고 말 못하는 사람을 데리고 예수께 왔는데, 예수께서 그 사람을 고쳐 주시어 그 말 못하는 사람이 말하며 보지 못하던 그 사람이 보게 됩니다. 이를 지켜보고 놀란 무리들의 반응은 이는 다윗의 자손이 아니냐 라는 의문 혹은 호기심이었습니다. 당시 유대인들은 메시야가 오시면 표적을 행할 것이라는 사실을 알고 있었습니다. 그렇기 때문에 이 같은 예수님의

치유기적이 메시야이신 표징이 아닌가라는 생각을 하게 된 것으로 봅니다. 그러나 무리들의 이 같은 반응을 본 바리새인들은 예수님의 치유기적은 귀신의 왕 바알세불을 힘입은 것이라고 말합니다. 이 말은 예수가 메시야 일 수도 있다고 무리들의 의문과 호기심을 일축해 버리는 말입니다. 한 걸음 더 나아가 바리새인늘은 예수께서 귀신을 쫓아낼 수 있었던 것은 귀신의 왕 바알세불을 힘입지 않고는 결코 가능한 것이 아니라고 잘라 말합니다. 그들의 이러한 말을 들으신 예수께서 그들의 생각을 다 아시고 스스로 분쟁하는 나라마다 황폐하여질 것이요 스스로 분쟁하는 동네나 집마다 서지 못한다고 말씀하십니다. 다른 말로 표현하면, 만약 귀신들의 군주인 사단이 그의 일을 하고 있는 귀신을 쫓아낸다면 이는 결국 사단 자신을 쫓아내는 것이므로 스스로 분쟁하는 격이며, 이로 인하여 사단의 나라가 황폐하여 질 것이라는 말씀입니다. 예수님의 이 말씀에 의하면, 귀신들은 역사의 한 복판에서 실제적으로 활약하는 악의 세력이고, 사단은 귀신들의 실제적 활약의 배후에 있는 궁극적 악의 실체인 것으로 이해됩니다.

80 / 성령에 힘입어 귀신을 쫓아내면 하나님의 나라가 이미 임하였음

마태복음 12 : 26-28

만일 사탄이 사탄을 쫓아내면 스스로 분쟁하는 것이니 그리하고야 어떻게 그의 나라가 서겠느냐 또 내가 바알세불을 힘입어 귀신을 쫓아내면 너희의 아들들은 누구를 힘입어 쫓아내느냐 그러므로 그들이 너희의 재판관이 되리라 그러나 내가 하나님의 성령을 힘입어 귀신을 쫓아내는 것이면 하나님의 나라가 이미 너희에게 임하였느니라

기도 요점

예수께서 바리새인들에게 두 가지 반문 즉 '만일 사탄이 사탄을 쫓아내면 스스로 분쟁하는 것이니 그리하고야 어떻게 그의 나라가 서겠느냐'와 또 '내가 바알세불을 힘입어 귀신을 쫓아내면 너희의 아들들은 누구를 힘입어 쫓아내느냐'라고 하시는데, 이 반문의 의미는? 그리고 예수께서 바리새인들에게 '그러나 내가 하나님의 성령을 힘입어 귀신을 쫓아내는 것이면 하나님의 나라가 이미 너희에게 임하였느니라'고 말씀하시는데, 이 말씀의 의미는?

도움의 말

예수께서 귀신 들려 말 못하고 보지 못하는 사람을 치유하시는 것을 본 바리새인들이 예수께서 귀신의 왕 바알세불을 힘입어 귀신을 쫓아낸 것이라고 말하였기 때문에 예수께서 그들에게 두 가지의 반문을 하십니다. 하나는 만일 사탄이 사탄을 쫓아내면 스스로 분쟁하는 것이니 그리하고야 어떻게 그의 나라가 서겠느냐는 반문입니다. 이는 스스로 분쟁하여 파멸하려고 사단이 사단을 쫓아낼 수 없다는 말씀입니다. 다른 하나는 내가 바알세불을 힘입어 귀신을 쫓아내면 너희의 아들들은 누구를 힘입어 쫓아내느냐는 반문입니다. 이는 예수께서 바알세불을 힘입어 귀신을 쫓아내었다면, 당시 유대인들 역시 바알

세불의 도움으로 귀신을 축출했다고 해야 하지 않겠느냐는 말씀입니다. 이어서 예수께서는 그렇다면, 그들이 너희의 재판관이 되리라고 하십니다. 이는 그들이 하나님의 능력으로 귀신을 쫓아낼 수 있다면, 예수님 역시 하나님의 능력으로 귀신 쫓아내신 것이 되므로 예수께 바알세불의 힘으로 귀신을 쫓아냈다고 말한 바리새인늘은 그늘에 의하여 죄인이라는 신고를 받게 될 것이리는 말씀입니다. 이와 같이하여 바리새인들은 자기들의 제자들의 귀신축출 행위가 바알세불에 의한 것이라고도 할 수 없고 또한 예수의 행위가 하나님의 능력에 의한 것이라고도 주장할 수 없게 되었습니다. 여기까지 말씀하신 예수께서 바리새인들에게 그러나 내가 하나님의 성령을 힘입어 귀신을 쫓아내는 것이면 하나님의 나라가 이미 너희에게 임하였다고 말씀하십니다. 이 말씀을 통하여 예수께서는 두 가지를 말씀하십니다. 하나는 예수께서 하나님의 성령의 능력으로 귀신을 쫓아내시어 고통당하는 사람을 치유하신 것은 사단의 왕국이 파멸되고 있다는 것이며, 다른 하나는 하나님 나라와 하나님의 성령이 현재적으로 역사하고 있다는 사실을 입증하는 것입니다.

81 / 성령을 거역하면
이 세상과 오는 세상에서도
사하심을 얻지 못하리라

마태복음 12 : 29-32

사람이 먼저 강한 자를 결박하지 않고서야 어떻게 그 강한 자의 집에 들어가 그 세간을 강탈하겠느냐 결박한 후에야 그 집을 강탈하리라 나와 함께 아니하는 자는 나를 반대하는 자요 나와 함께 모으지 아니하는 자는 헤치는 자니라 그러므로 내가 너희에게 이르노니 사람에 대한 모든 죄와 모독은 사하심을 얻되 성령을 모독하는 것은 사하심을 얻지 못하겠고 또 누구든지 말로 인자를 거역하면 사하심을 얻되 누구든지 말로 성령을 거역하면 이 세상과 오는 세상에서도 사하심을 얻지 못하리라

기도 요점

예수께서 말씀하시는 성령을 거역하는 죄란 무엇입니까? 예수께서 성령을 거역하면 이 세상과 오는 세상에서도 사하심을 얻지 못하리라고 말씀하시는데, 이 말씀의 의미는?

도움의 말

귀신을 쫓아낸 것은 바알세불의 힘으로 말미암음이라고 말하는 바리새인들에게 예수께서 이르시기를 사람이 먼저 강한 자를 결박하지 않고서야 어떻게 그 강한 자의 집에 들어가 그 세간을 강탈하겠느냐고 반문하십니다. 여기서 우리는 세 가지를 알 수 있는데, 첫째는 예수께서는 강한 자, 즉 사단을 결박하였다는 것이며, 둘째는 예수께서는 귀신의 왕이 바알세불보다 더 능력이 많으시다는 것이며, 셋째는 하나님의 다스림과 통치 즉 하나님의 나라가 이미 현존하여 악의 권세를 다스리고 있다는 것입니다. 그래서 예수께서는 강한

자, 바알세불을 결박한 후 그 집을 강탈하리라고 말씀하시는데, 이는 사단과의 싸움에서 승리하신 예수께서는 사단의 지배하에 있는 이 세상 사람들을 그 악의 세력으로부터 건져내어 하나님의 다스림 안에서 성령을 따라 사는 자가 되게 하시겠다는 말씀입니다. 그렇기 때문에 예수님을 비난하고 서로 의문을 제기하는 바리새인들과 그들의 추종자들처럼 예수님과 함께 아니하고 또한 예수님과 함께 모으지 아니하는 사람들이 바로 예수님을 반대하는 자이고 또한 헤치는 자라고 말씀하십니다. 이 말씀에 이어 예수께서 그들에게 두 가지 말씀을 더 하십니다. 하나는 사람에 대한 모든 죄와 모독은 사하심을 얻지만 성령을 모독하는 것은 사하심을 얻지 못한다는 말씀입니다. 이는 예수께서 귀신을 쫓아내는 기적행위를 보고 예수님을 메시야로 고백하려는 무리들에게 예수가 바알세불의 힘을 입은 자라고 거짓 증언 함으로 인하여 그들이 예수님을 메시야로 받아드리려는 것을 방해하였던 바리새인들을 향한 말씀입니다. 이 같은 행위는 성령의 역사가 분명한 것임에도 불구하고 그것을 거부하고, 고의적으로 배척하여 다른 사람이 예수께로 가는 것까지 막는 것으로서 용서 받지 못하는 행위라고 예수께서 천명하십니다. 다른 하나는 누구든지 말로 성육신하신 예수 그리스도를 거역하는데서 더 나아가 말로 성령을 거역하면 이 세상과 오는 세상에서도 사하심을 얻지 못한다는 말씀입니다. 이 말씀은 성령을 거역하는 죄를 범한 사람은 영원히 죄 사함을 받을 수 있는 자리에서 벗어나 마귀들과 같이 하나님의 용서와 자비의 범주로부터 완전히 벗어나 있다는 것을 뜻합니다.

---

82 / 심판 날에
네 말로 정죄함을 받으리라

마태복음 12 : 33-37

나무도 좋고 열매도 좋다 하든지 나무도 좋지 않고 열매도 좋지 않다 하든지 하라 그 열매로 나무를 아느니라 독사의 자식들아 너희는 악하니 어떻게 선한 말을 할 수 있느냐 이는 마음에 가득한 것을 입으로 말함이라 선한 사람은 그 쌓은 선에서 선한 것을 내고 악한 사람은 그 쌓은 악에서 악한 것을 내느니라 내가 너희에게 이르노니 사람이 무슨 무익한 말을 하든지 심판 날에 이에 대하여 심문을 받으리니 네 말로 의롭다 함을 받고 네 말로 정죄함을 받으리라

기도 요점

'나무도 좋고 열매도 좋다 하든지 나무도 좋지 않고 열매도 좋지 않다 하든지 하라 그 열매로 나무를 아느니라.'는 예수님 말씀의 의미는? 예수께서 선한 사람은 그 쌓은 선에서 선한 것을 내고 악한 사람은 그 쌓은 악에서 악한 것을 내기 때문에 사람이 무슨 무익한 말을 하든지 심판 날에 이에 대하여 심문을 받는다고 하시며 네 말로 의롭다 함을 받고 네 말로 정죄함을 받을 것이라고 말씀하시는데, 이 말씀이 의미는?

도움의 말

그 열매로 나무를 알기 때문에 예수께서는 바리새인들에게 나무도 좋고 열매도 좋다 하든지 나무도 좋지 않고 열매도 좋지 않다고 하든지 하라고 말씀하십니다. 여기서 좋은 나무와 좋은 열매는 성령을 힘입은 그리스도 예수님 자신과 예수님의 치유로 말미암아 귀신들린 사람이 치유된 것을 뜻합니다. 또한 좋지 않은 나무와 좋지 않은 열매는 스스로 악하기 때문에 이는 바리새인들이 성령을 훼방하는 말을 한 것을 뜻합니다. 이 같은 비유를 말씀하신 예수께서 바리새인들을 향하여 독사의 자식들아 너희는 악하니 어떻게 선한 말을 할

수 있느냐고 하시는데, 이는 그들은 마음에 가득한 것을 입으로 말한 것이라는 선언입니다. 그들의 마음이 악으로 가득 찼기 때문에 그들은 예수님의 기적행위를 바알세불의 힘으로 하였다는 악의적인 모함을 하였던 것입니다. 그렇기 때문에 예수께서는 선한 사람은 그 쌓은 선에서 선한 것을 내고 악한 사람은 그 쌓은 악에서 악한 것을 낸다고 말씀하십니다. 이는 사람의 마음 속에 있는 선한 생각 혹은 악한 생각이 그 사람의 말과 행동을 결정한다는 말씀입니다. 이 말씀을 하신 후, 예수께서는 바리새인들에게 사람이 무슨 무익한 말을 하든지 심판 날에 이에 대하여 심문을 받을 것이므로 네 말로 의롭다 함을 받기도 하고 네 말로 정죄함을 받기도 한다고 말씀하십니다. 사람의 말과 행위는 서로 연관되어 있으므로 선한 마음을 가진 사람이 선한 말과 선행을 할 수 있으며, 또한 악한 마음을 가진 사람이 악한 말과 악행을 하게 됩니다. 그러므로 하나님께서는 심판 날에 의롭다 하심과 정죄하심은 바로 그 사람이 한 말로 심문하신다는 말씀입니다.

83 / 표적을 보여주시기를 원하나이다

마태복음 12 : 38-42

그 때에 서기관과 바리새인 중 몇 사람이 말하되 선생님이여 우리에게 표적 보여주시기를 원하나이다 예수께서 대답하여 이르시되 악하고 음란한 세대가 표적을 구하나 선지자 요나의 표적 밖에는 보일 표적이 없느니라 요나가 밤낮 사흘 동안 큰 물고기 뱃속에 있었던 것 같이 인자도 밤낮 사흘 동안 땅속에 있으리라 심판 때에 니느웨 사람들이 일어나 이 세대 사람을 정죄하리니 이는 그들이 요나의 전도를 듣고 회개하였음이거니와 요나보다 더 큰 이가 여기 있으며 심판 때에 남방 여왕이 일어나 이 세대 사람을 정죄하리니 이는 그가 솔로몬의 지혜로운 말을 들으려고 땅 끝에서 왔음이거니와 솔로몬보다 더 큰 이가 여기 있느니라

기도 요점

예수께서 안식일에 손 마른 사람을 치유하신 사건으로 인하여 서기관들과 바리새인들이 시비를 걸어 논쟁 중이었던 그들 중 몇이 예수께 표적을 보여 달라고 하자 이에 대한 예수님의 대답은? 예수께서 그들에게 요나의 표적 밖에는 없다고 하시면서 요나가 밤낮 사흘 동안 큰 물고기 뱃속에 있었던 것 같이 인자도 밤낮 사흘 동안 땅 속에 있으리라고 말씀하시는데, 이 말씀의 의미는? 이 말씀과 함께 또한 심판 때에 니느웨 사람들과 남방여왕이 일어나 이 세대 사람을 정죄할 것이라고 예수께서 말씀하시는데, 이 말씀의 의미는?

도움의 말

예수께서 안식일에 손 마른 사람을 치유한 사건으로 서기관들과 바리새인들이 시비를 걸어 논쟁하고 있는 그 때였습니다. 그때 그들 중 몇 사람이 예수님께 선생님이여 우리에게 표적 보여주시기를 원한다고 말합니다. 그들이 원하는 표적이란 자연적이고 일반적인 것을 통해 초자연적인 사실이나 진리를 나

타내 주거나 혹은 어떤 예언을 확증해 주는 것을 의미한다고 합니다. 그렇지만 예수께서는 이미 많은 기적을 베푸셨고 가난한 자들에게 복음을 전하심으로써 자신이 메시야이심을 충분히 증거 하셨습니다. 그런데도 불구하고 예수님의 모든 표적을 서기관들과 바리새인들은 바알세불의 힘으로 행한 것으로 간주함으로 인하여 논쟁이 된 것입니다. 그런데, 그들이 또 다시 그들에게 표적을 보여 달라고 요구하기 때문에 예수께서는 악하고 음란한 세대가 표적을 구하나 요나의 표적 밖에는 보일 표적이 없다고 대답하십니다. 그리고 이어서 예수께서는 요나가 밤낮 사흘 동안 큰 물고기 뱃속에 있었던 것 같이 인자도 밤낮 사흘 동안 땅 속에 있으리라고 말씀하시는데, 이는 요나가 밤낮 사흘을 물고기 뱃속에 있다가 구원 받은 것처럼 예수님도 십자가 죽음으로 인해 사흘 동안 그의 시체가 무덤에 계시다가 제 3일에 부활되리라는 것을 말씀하시는 것입니다. 구약의 요나 선지자는 앗수르의 수도였던 니느웨 사람들에게 전도하였는데, 그때 그들은 요나의 전도하는 말을 듣고 회개하였습니다. 그러나 요나보다 더 큰 예수께서 이스라엘 백성들에게 하나님의 나라복음을 전파하고 가르칠 뿐만 아니라 많은 이적을 행하신 것을 보고서도 회개하지 않으므로 심판 때에 이 세대의 잘못에 대한 심판의 증인으로 니느웨 사람들과 남방여왕이 일어나 송사할 것이라고 말씀하십니다. 남방여왕은 솔로몬의 지혜로운 말을 들으려고 땅 끝에서 예루살렘에 찾아왔는데, 솔로몬보다 더 큰 지혜의 근본이신 그리스도 예수님을 여기서 그들은 보면서도 예수님을 거부하기 때문에 마지막 심판 때에 이스라엘 사람들은 남방여왕으로부터 송사당할 것이라고 하십니다.

84 / 이 악한 세대가 또한 이렇게 되리라

마태복음 12 : 43-45

더러운 귀신이 사람에게서 나갔을 때에 물 없는 곳으로 다니며 쉬기를 구하되 쉴 곳을 얻지 못하고 이에 이르되 내가 나온 내 집으로 돌아가리라 하고 와 보니 그 집이 비고 청소되고 수리되었거늘 이에 가서 저보다 더 악한 귀신 일곱을 데리고 들어가서 거하니 그 사람의 나중 형편이 전보다 더욱 심하게 되느니라 이 악한 세대가 또한 이렇게 되리라

기도 요점

이 악한 세대가 또한 이렇게 되리라고 예수께서 두 가지 비유로 말씀하시는데, 하나는 '더러운 귀신이 사람에게서 나갔을 때에 물 없는 곳으로 다니며 쉬기를 구하되 쉴 곳을 얻지 못하고'라는 비유인데, 이 비유의 의미는? 다른하나는 '내가 나온 내 집으로 돌아가리라 하고 와 보니 그 집이 비고 청소되고 수리되었거늘 이에 가서 저보다 더 악한 귀신 일곱을 데리고 들어가서 거하니 그 사람의 나중 형편이 전보다 더욱 심하게 되느니라'는 비유인데, 이 비유의 의미는?

도움의 말

예수께서는 당시 서기관들과 바리새인들과 및 그의 추종자들을 향하여 악한 세대라고 하시면서 악한 그들에게 임할 말씀 두 가지를 비유로 선언하신다. 이는 마태복음 12장 22-37절의 그들과 예수님 사이의 바알세불 논쟁과 연결됩니다. 이 중에 첫째는 더러운 귀신이 사람에게서 나갔을 때에 물 없는 곳으로 다니며 쉬기를 구하였으나 쉴 곳을 얻지 못하였다는 비유입니다. 이 비유는 두 가지를 의미합니다. 하나는 종교의식과 바리새주의에 매여 있던 이스라엘 백성들이 예수님의 하나님나라 복음 선포를 듣고, 또한 귀신을 쫓아내는 이적의 기사를 전해 듣고는 마음이 끌렸으나 그들은 예수님에 대하여 악의적

행동을 멈추지 않고 전적으로 그 복음을 받아드리지 않았다는 것을 의미합니다. 다른 하나는 쉬기를 구하여도 그들은 쉴 곳을 알지 못한다는 것은 이스라엘 백성들이 율법에 대한 형식주의적인 태도로 인하여 하나님의 말씀의 참 정신이 가려진 상태에 있으므로 하나님나라의 복음을 받아들여서 그들의 마음에 뿌리를 내리지 못한다는 것을 의미합니다. 둘째는 이 같이 귀신이 쉴 곳을 얻지 못하므로, 이에 귀신이 이르기를 내가 나온 내 집으로 돌아가리라 하고 와 보니 그 집이 비고 청소되고 수리되었으므로 가서 저보다 더 악한 귀신 일곱을 데리고 들어가서 거하니 그 사람의 나중 형편이 전보다 더욱 심하게 된다는 비유입니다. 이 비유 역시 두 가지 의미가 있습니다. 하나는 '비고, 소제되고, 수리된 그 집'이란 것인데, 이는 그들이 악한 영의 속박에서 벗어나기는 했으나 참된 영적 변화가 아직 나타나지 않은 상태에 있다는 것을 의미합니다. 그렇기 때문에 이스라엘백성은 예수 당시 여전히 율법 규정들을 맹목적으로 추구하면서 그들의 구원의 열망을 이루려고 헛되이 노력함으로써 열심히 주의 복음전도를 저해합니다. 다른 하나는 귀신이 가서 저보다 더 악한 귀신 일곱을 데리고 들어가서 거하므로 그 사람의 나중 형편이 전보다 더욱 심하게 되었다는 것인데, 여기서 일곱 귀신이란 가장 강하고 악한 귀신을 상징합니다. 이 비유처럼 실제로 이스라엘 백성의 자랑이며 종교의 상징인 예루살렘 성전은 A.D. 70년에 가장 악한 로마군에 의해 완전히 파멸 당합니다. 뿐만 아니라 예수께서 이스라엘이 심판 날에 소돔과 고모라 땅이 그 성보다 견디기가 쉬우리라고 말씀하신 것처럼 그들이 예수님의 하나님의 나라복음을 듣고 완전히 회개하지 않았기 때문에 결국에 가서 그들의 형편은 전보다 더욱더 비참해 질 것이라고 예수께서 말씀하신 바 있습니다.

85 / 예수님의 어머니와 형제자매

마태복음 12 : 46-50

예수께서 무리에게 말씀하실 때에 그의 어머니와 동생들이 예수께 말하려고 밖에 섰더니 한 사람이 예수께 여쭈오되 보소서 당신의 어머니와 동생들이 당신께 말하려고 밖에 서 있나이다 하니 말하던 사람에게 대답하여 이르시되 누가 내 어머니이며 내 동생들이냐 하시고 손을 내밀어 제자들을 가리켜 이르시되 나의 어머니와 나의 동생들을 보라 누구든지 하늘에 계신 내 아버지의 뜻대로 하는 자가 내 형제요 자매요 어머니이니라 하시더라

기도 요점

예수께서 한 사람으로부터 예수님의 어머니와 동생들이 당신께 말하려고 밖에 서있다는 보고를 받으시자, 그에게 누가 내 어머니이며 내 동생들이냐 하시고 손을 내밀어 제자들을 가리켜 이르시되 나의 어머니와 나의 동생들을 보라 누구든지 하늘에 계신 내 아버지의 뜻대로 하는 자가 내 형제요 자매요 어머니라고 말씀하시는데, 이 말씀의 의미는? 이같은 예수님의 말씀처럼 일상에서 다른 하나님의 백성을 주 안에서 형제자매, 그리고 어머니라고 느끼면서 살아본 경험이 있는가?

도움의 말

예수께서 무리에게 말씀하실 때에 예수님의 어머니와 동생들이 예수께 말하려고 밖에 서 있었습니다. 이를 아는 한 사람이 예수께 이르기를 당신의 어머니와 동생들이 당신께 말하려고 밖에 서 있다고 보고합니다. 그 사람의 말을 들으신 예수께서 그에게 누가 내 어머니이며 내 동생들이냐고 하십니다. 그러시면서 예수님은 손을 내밀어 제자들을 가리키시며 나의 어머니와 나의 동생들을 보라 누구든지 하늘에 계신 내 아버지의 뜻대로 하는 자가 내 형제요 자매요 어머니라고 말씀하십니다. 이는 예수께서 혈연관계를 부인하시는 말씀

이 아닙니다. 이는 혈연관계보다 하나님나라의 복음을 듣고 믿어 거듭나 하나님과의 영적 관계를 맺어 주 안에서 형제자매와 어머니가 된 것이 더 중요하다는 것을 말씀하시는 것입니다.

_____

_____

_____

_____

_____

86 / 네 가지 땅에 떨어진 씨 비유

마태복음 13 : 1-9

그 날 예수께서 집에서 나가사 바닷가에 앉으시매 큰 무리가 그에게로 모여 들거늘 예수께서 배에 올라가 앉으시고 온 무리는 해변에 서 있더니 예수께서 비유로 여러 가지를 그들에게 말씀하여 이르시되 씨를 뿌리는 자가 뿌리러 나가서 뿌릴새 더러는 길 가에 떨어지매 새들이 와서 먹어버렸고 더러는 흙이 얕은 돌밭에 떨어지매 흙이 깊지 아니하므로 곧 싹이 나오나 해가 돋은 후에 타서 뿌리가 없으므로 말랐고 더러는 가시떨기 위에 떨어지매 가시가 자라서 기운을 막았고 더러는 좋은 땅에 떨어지매 어떤 것은 백 배, 어떤 것은 육십 배, 어떤 것은 삼십 배의 결실을 하였느니라 귀 있는 자는 들으라 하시니라

기도 요점

예수께서 무리들에게 네 가지 땅에 떨어진 비유를 말씀하시는데, 이 네 가지는 어떤 것입니까? 이 네 가지 가운데 자신이 가정 원하는 비유는 어떤 것이며, 이를 가장 원하는 이유는?

도움의 말

예수께서 집에서 나가신 후 바닷가에 앉으시니 큰 무리가 그에게로 모여 듭니다. 그리하여 예수께서 배에 올라가 앉으시고 온 무리는 해변에 서 있는데, 예수께서 비유로 여러 가지를 그들에게 말씀하여 이르시며 네 가지 땅에 떨어진 씨 비유를 드십니다. 첫째는 씨를 뿌리는 자가 나가서 씨를 뿌리는데, 그 씨가 길가에 떨어집니다. 그리하여 새들이 와서 그 길가의 씨를 먹어 버린다는 비유입니다. 본래 길이란 많은 사람들의 발길에 의하여 단단히 길들여지므로 길가에 떨어진 씨는 하나님의 말씀을 듣는 사람이 그의 마음의 문을 굳게 닫고 있다는 것을 의미합니다. 둘째는 씨를 뿌리는 자가 뿌리러 나가서 씨를 뿌리는데, 그 씨가 흙이 얕은 돌밭에 떨어집니다. 이 같이 흙이 깊지 않은 땅에

심은 씨는 싹이 곧 나오지만 해가 돋은 후에 타서 뿌리가 없어 마른다는 비유입니다. 이는 하나님의 말씀을 듣고 받아드리지 않고 그냥 지나치면 다시는 그 말씀을 경험할 수 있는 기회를 놓칠 수 있다는 것입니다. 왜냐하면 사람이 받아드리지 않은 하나님의 말씀은 그대로 방치되는 것이 아니라 악한 자들에 의하여 신속하게 제거될 수 있기 때문입니다. 셋째는 씨를 뿌리는 자가 나가서 씨를 뿌리는데, 그 씨가 가시떨기 위에 떨어집니다. 그리하여 씨가 자라가는 대로 가시도 자라서 그 기운을 막는다는 비유입니다. 여기서 가시떨기가 기운을 막는다는 것이란 열매가 없어서 가시떨기처럼 쓸모가 없는 것이 자라며 하나님의 말씀의 기운을 꺾어 버리게 한다는 것입니다. 이는 하나님의 말씀을 들은 사람의 마음 밭에 하나님의 말씀이 뿌리를 내리고 성장하게 하는데 있어서 장애가 될 만한 씨앗이 더 많다는 의미입니다. 넷째는 씨를 뿌리는 자가 뿌리러 나가서 씨를 뿌리는데, 그 씨가 좋은 땅에 떨어집니다. 그러므로 그 땅에 뿌려진 씨 가운데 어떤 것은 백 배, 어떤 것은 육십 배, 어떤 것은 삼십 배의 결실을 낸다는 비유입니다. 여기서 좋은 땅이란 기름지고 수분이 충분하며 햇볕이 잘 드는 땅이므로 씨앗이 자라는데 매우 좋은 땅이라는 것을 가리킵니다. 이 좋은 땅의 비유는 하나님의 말씀을 듣고 잘 받아들여 그 말씀을 마음 깊숙한 곳에 심은 사람을 가리키는데, 이러한 사람은 많은 믿음의 열매와 인격의 열매를 맺는 사람을 지칭합니다. 이 네 가지 땅에 떨어진 씨 비유를 말씀하신 후, 예수께서는 귀 있는 자는 들으라고 하십니다. 이 말씀은 하나님의 말씀을 제대로 들을 수 있는 귀를 가진 자, 즉 하나님의 말씀을 바르게 들을 수 있는 분별력과 또한 그 말씀을 순종하려는 마음 가진 자를 의미합니다.

87 / 어찌하여 비유로 말씀 하시나이까

마태복음 13 : 10-14

제자들이 예수께 나아와 이르되 어찌하여 그들에게 비유로 말씀하시나이까 대답하여 이르시되 천국의 비밀을 아는 것이 너희에게는 허락되었으나 그들에게는 아니되었나니 무릇 있는 자는 받아 넉넉하게 되되 없는 자는 그 있는 것도 빼앗기리라 그러므로 내가 그들에게 비유로 말하는 것은 그들이 보아도 보지 못하며 들어도 듣지 못하며 깨닫지 못함이니라 이사야의 예언이 그들에게 이루어졌으니 일렀으되 너희가 듣기는 들어도 깨닫지 못할 것이요 보기는 보아도 알지 못하리라

기도 요점

예수께서 비유로 무리들에게 네 가지 땅에 떨어진 씨를 말씀하셨습니다. 그런데 제자들이 예수께 와서 어찌하여 그들에게 비유로 말씀하시냐고 질문하고 있는데, 이에 대한 예수님의 대답은 무엇이며, 그 대답의 의미는? 무릇 있는 자는 받아 넉넉하게 되되 없는 자는 그 있는 것도 빼앗기리라는 예수님의 말씀의 의미는? 예수께서 제자들에게 이사야의 예언이 무리들에게 이루어졌으니 일렀으되 너희가 듣기는 들어도 깨닫지 못할 것이요 보기는 보아도 알지 못하리라고 하시는데, 이 말씀이 의미하는 바는?

도움의 말

제자들이 예수께 나아와 어찌하여 그들에게 비유로 말씀하시나이까 라고 묻습니다. 이는 예수께서 무리들에게 비유를 사용하신 까닭에 관한 질문입니다. 이 질문에 예수님은 제자들에게 천국의 비밀을 아는 것이 너희에게는 허락되었으나 그들에게는 아니 되었기 때문이라고 대답하신다. 예수께서 말씀하시는 천국의 비밀은 천국이 이미 역사 안에 시작되고 있는 사실이므로 이것은 하나님의 나라가 왔다는 기쁜 소식입니다. 그런데 이 기쁜 소식이 제자들

에게는 허락되었으나 그 무리들에게는 허락되지 않았다고 예수께서 말씀하십니다. 여기서 허락된 제자들이란 하나님의 나라복음을 듣고 기뻐하며 받아드리는 사람을 지칭하며, 또한 허락되지 아니한 무리들은 천국의 복음을 듣고 적대적 태도를 취하는 유대 교권주의자들이나 혹은 하나님나라 복음에는 관심이 없고 오로지 치유 사건과 오병이어의 기적에만 관심을 갖고 모여든 군중들을 지칭합니다. 이 후 예수께서는 무릇 있는 자는 받아 넉넉하게 되되 없는 자는 그 있는 것도 빼앗기리라고 말씀하십니다. 여기서 있는 자란 하나님의 말씀을 받아드리는 자로서 이런 사람은 천국 복음을 듣고 예수께서 하나님의 아들이시며, 메시야이시며, 그리고 하나님의 나라가 이미 왔다는 것을 깨달아 알고 그 나라에 참여할 뿐만 아니라 영생이 보장된 사람입니다. 이러한 사람은 그가 깨달은 진리가 더욱 더 진리임을 깨닫게 됨으로써 예수께서는 무릇 있는 자는 받아 넉넉하게 된다고 말씀하십니다. 그러나 없는 자는 자기에게 베풀어졌던 천국 복음도 악한 자들에게 빼앗기게 됨으로써 있는 것까지도 빼앗기게 되며, 결국 영원한 멸망에 처하게 될 수 밖에 없게 됩니다. 그리고는 예수께서 무리들에게 비유로 말씀하신 것은 이사야 6장 9절의 예언이 바로 그들에게 이루어졌다는 것입니다. 즉 예수께서 그들에게 비유로 말씀하신 이유는 그들이 듣기는 들어도 깨닫지 못하며 보기는 보아도 알지 못하기 때문이라고 하십니다. 이는 그들이 예수님의 치유와 기적을 보고도 믿지 못하고 천국 복음을 듣고도 바로 깨닫지 못하는데, 이것이 바로 하나님을 떠난 죄인의 영혼상태입니다.

88 / 눈은 봄으로 귀는 들음으로 복이 있도다

마태복음 13 : 15-17

이 백성들의 마음이 완악하여져서 그 귀는 듣기에 둔하고 눈은 감았으니 이는 눈으로 보고 귀로 듣고 마음으로 깨달아 돌이켜 내게 고침을 받을까 두려워함이라 하였느니라 그러나 너희 눈은 봄으로, 너희 귀는 들음으로 복이 있도다 내가 진실로 너희에게 이르노니 많은 선지자와 의인이 너희가 보는 것들을 보고자 하여도 보지 못하였고 너희가 듣는 것들을 듣고자 하여도 듣지 못하였느니라

기도 요점

예수께서 이 백성들의 마음이 완악하여져서 그 귀는 듣기에 둔하고 눈은 감았으니 이는 눈으로 보고 귀로 듣고 마음으로 깨달아 돌이켜 내게 고침을 받을까 두려워함이라고 하시는데, 이 말씀의 의미는? 예수께서 제자들에게 너희 눈은 봄으로, 너희 귀는 들음으로 복이 있다고 말씀하시는데, 이 말씀의 의미는?

도움의 말

예수께서는 이 백성들의 마음이 완악하여져서 그 귀는 듣기에 둔하고 눈은 감았다고 말씀하십니다. 문자적으로 완악해졌다는 것은 살이 찌고 둔하여진 상태를 가리킨다고 합니다. 그러므로 마음이 완악해졌다는 것은 사람의 마음이 자기중심적 사고와 의지로 꽉 차 있다는 것인데, 이로 인하여 이러한 사람의 마음에는 하나님의 말씀이 들어갈 자리가 없습니다. 그렇기 때문에 예수님의 치유 사건과 기적을 눈으로 보고 예수께서 선포하신 천국 복음을 귀로 들어도 마음으로 깨달아 돌이킬 수가 없습니다. 즉 이러한 사람은 하나님보다 자기 세상을 더 사랑하기 때문에 돌이켜 고침을 받게 못하도록 자신의 눈을 감고 귀를 닫습니다. 그 사람은 예수님 당시 유대인들과 같습니다. 왜냐하면, 그들

은 예수님의 복음전파의 말씀을 듣고, 또한 기적과 병 고치는 사건을 봄으로 인하여 예수께서 하나님의 아들이시라고 하는 증거를 듣고 보기는 하였지만 그들의 전통에 꽉 차 있었기 때문에 예수님을 메시야로 인정할 수 없었던 것입니다. 그러나 예수께서 제자들에게 너희 눈은 봄으로, 너희 귀는 들음으로 복이 있다고 말씀하십니다. 제자들처럼 천국 복음을 들을 수 있는 귀와 예수님의 기사들을 보고 그가 하나님의 아들이심을 깨달아 아는 사람들은 복이 있는 자라고 예수께서 말씀하십니다. 그리고 이어서 예수께서 제자들에게 내가 진실로 너희에게 이르노니 구약의 많은 선지자와 의인은 예수님 시대 하나님의 나라가 도래되어 이를 믿는 제자들은 하나님의 다스림을 받아 예수님을 주로 고백하는 것들을 보고자 하였으나 보지 못하였습니다. 또한 제자들이 들었던 하나님나라의 복음을 듣고자 하여도 듣지 못하였다고 하십니다. 이는 신약 시대의 우리는 그 위대한 구약의 이사야와 다니엘, 아브라함과 다윗도 보고 듣지 못한 천국의 위대한 비밀을 알게 된 큰 축복을 받고 있다는 말씀입니다.

89 / 씨 뿌리는 비유의 해석

마태복음 13 : 18-23

그런즉 씨 뿌리는 비유를 들으라 아무나 천국 말씀을 듣고 깨닫지 못할 때는 악한 자가 와서 그 마음에 뿌려진 것을 빼앗나니 이는 곧 길 가에 뿌려진 자요 돌밭에 뿌려졌다는 것은 말씀을 듣고 즉시 기쁨으로 받되 그 속에 뿌리가 없어 잠시 견디다가 말씀으로 말미암아 환난이나 박해가 일어날 때에는 곧 넘어지는 자요 가시떨기에 뿌려졌다는 것은 말씀을 들으나 세상의 염려와 재물의 유혹에 말씀이 막혀 결실하지 못하는 자요 좋은 땅에 뿌려졌다는 것은 말씀을 듣고 깨닫는 자니 결실하여 어떤 것은 백 배, 어떤 것은 육십 배, 어떤 것은 삼십 배가 되느니라 하시더라

기도 요점

예수께서 제자들에게 길 가에 뿌려진 자, 돌밭에 뿌려진 자, 가시떨기에 뿌려진 자, 그리고 좋은 땅에 뿌려진 자에 관하여 설명해 주시는데, 이들 각각은 어떤 사람입니까? 이 네 가지 사람 가운데 자신과 가장 동일시되는 사람은?

도움의 말

예수께서 제자들에게 씨 뿌리는 비유를 들으라고 하시며 이에 대한 의미를 말씀하십니다. 길 가에 뿌려진 자는 예수님과 제자들 혹은 전도자들에 의하여 선포하는 하나님의 나라 복음을 듣는 사람입니다. 그런데 그는 그 복음의 씨를 받기는 하였지만 그 씨가 뿌려진 길가와 같은 사람입니다. 그래서 그는 아직 말씀을 받아드릴 마음이 없으므로 그에게 들려진 말씀을 대수롭지 않게 생각하다가 결국에 가서는 그 말씀에 응답할 기회를 상실하게 됩니다. 그 이유는 악한 자가 그에게서 그 말씀까지도 빼앗아 가기 때문입니다. 돌밭에 뿌려졌다는 것은 흙이 얕은 곳에 심겨진 씨와 같은 사람을 지칭합니다. 이런 사람은 흙이 얕은 곳에 심어졌기 때문에 뿌리를 깊이 내리지 못하여 싹이 햇볕

이 나면 말라 죽는 것처럼 말씀을 들을 때는 기쁨으로 받아들이고 바로 신앙생활을 시작하지만 신앙 성장 과정에서 환난이나 박해를 받으면 오래 견디지 못하고 넘어지는 사람입니다. 가시떨기에 뿌려졌다는 것은 하나님나라의 말씀을 들은 사람의 내부적인 문제와 갈등 보다는 그의 외부적인 요소들, 예를 들면 주변 환경, 물질 등의 유혹을 극복하지 못하고 방황하는 사람을 가리킵니다. 이는 마치 가시떨기 밭의 토양 자체는 비옥하지만 밭 자체가 손질되지 않아 유익한 곡식과 가시떨기가 함께 자라나는 것처럼 가시떨기와 같은 사람은 말씀과 세상이 그 안에서 함께 자라고 있는 사람입니다. 그렇기 때문에 이러한 사람은 말씀을 듣지만 세상의 염려와 재물의 유혹으로 말씀이 막혀 결실하지 못합니다. 좋은 땅에 뿌려졌다는 것은 하나님의 나라복음을 듣고 깨닫는 자로서 이를 순종하는 겸손한 마음을 가진 좋은 땅과 같은 사람을 가리킵니다. 이런 사람은 천국복음을 수용하여 성령의 열매를 풍성히 거두게 되어 그의 삶이 복음의 넘치는 생명력으로 많은 결실을 맺는데, 그 결실의 풍성함이 백 배 혹은 육십 배 혹은 삼십 배가 됩니다.

90 / 곡식과 가라지의 비유

마태복음 13 : 24-30

예수께서 그들 앞에 또 비유를 들어 이르시되 천국은 좋은 씨를 제 밭에 뿌린 사람과 같으니 사람들이 잘 때에 그 원수가 와서 곡식 가운데 가라지를 덧뿌리고 갔더니 싹이 나고 결실할 때에 가라지도 보이거늘 집 주인의 종들이 와서 말하되 주여 밭에 좋은 씨를 뿌리지 아니하였나이까 그런데 가라지가 어디서 생겼나이까 주인이 이르되 원수가 이렇게 하였구나 종들이 말하되 그러면 우리가 가서 이것을 뽑기를 원하시나이까 주인이 이르되 가만 두라 가라지를 뽑다가 곡식까지 뽑을까 염려하노라 둘 다 추수 때까지 함께 자라게 두라 추수 때에 내가 추수꾼들에게 말하기를 가라지는 먼저 거두어 불사르게 단으로 묶고 곡식은 모아 내 곳간에 넣으라 하리라

기도 요점

곡식과 가라지 비유에서 곡식은 누구를 지칭하며, 가라지는 누구를 지칭합니까? 예수께서 뿌리신 좋은 씨가 자라는 곳에 함께 자라고 있는 가라지를 뽑지 않고 추수 때까지 가만히 두라고 하시는데, 그 까닭은? 추수 때에 알곡과 가라지의 갈 곳은?

도움의 말

예수께서 제자들에게 천국은 좋은 씨를 제 밭에 뿌린 사람과 같다는 비유를 말씀하십니다. 여기서 좋은 씨는 하나님의 말씀이며, 이를 뿌리는 이는 그리스도 예수이시며, 그리고 제 밭이란 하나님께서 창조하신 이 세상입니다. 이 비유는 예수님께서 이 세상에 오셔서 천국복음의 씨를 뿌리셨다는 말씀입니다. 그런데 사람들이 자고 있는 때에 그 원수가 와서 곡식 가운데 가라지를 덧뿌리고 가므로 싹이 나고 결실할 때에 가라지도 보이게 되는데, 당시 먹을 경우 설사와 구토와 같은 증상을 나게 하는 가라지는 가짜 밀이라고 합니다. 가라지의 싹은 밀이나 보리와 매우 비슷하여 실제로 이삭이 패기까지는 식별

하기가 쉽지 않다고 합니다. 예수께서 비유로 말씀하신 가라지는 불법과 부정을 행하는 악한 자의 아들들이므로 사람들을 의의 자리에서 넘어지게 하는 자들을 지칭합니다.

집 주인의 종들이 곡식과 가라지가 함께 자라가는 것을 보고 와서 그 주인에게 이르기를 주여 밭에 좋은 씨를 뿌리지 아니하셨습니까 그런데 가라지가 어디서 생겼나요? 라고 묻습니다. 앞에서 씨 뿌리는 자의 비유에서는 예수님과 제자들과 그 외의 복음전하는 자들에 의하여 씨가 뿌려졌는데, 이번 가라지 비유에서의 씨를 뿌리는 일은 오로지 예수님만 하십니다. 그렇기 때문에 가라지의 출처를 알지 못하는 그들에게 예수님은 그 이유는 원수가 그렇게 하였다고 알려 주십니다. 여기서 원수란 원수의 역할를 하는 사람을 가리킵니다. 이 원수는 예수께서 그리스도이심을 부정하는 이이며 또한 예수를 그리스도로 믿는 성도들을 미혹하고 박해하는 적그리스도입니다. 이러한 의미로 말씀하시는 예수님의 마음을 알지 못하는 그들이 원수가 그렇게 하였다는 말을 듣자 바로 그러면 우리가 가서 가라지를 뽑기를 원하시느냐고 묻습니다. 이 물음에 대하여 예수님은 두 가지 대답을 하십니다. 하나는 가만 두라 가라지를 뽑다가 곡식까지 뽑을까 염려되니 둘 다 추수 때까지 함께 자라게 두라고 하십니다. 가라지는 일반적으로 곡식보다 더 강한 뿌리를 가지고 있기 때문에 가라지를 뽑을 때에 가끔 약한 곡식이 함께 뽑힌다고 합니다. 그래서 예수님은 곡식과 가라지 모두가 마지막 추수 때 즉 마지막 심판 때까지 자라게 두라고 하시는데, 여기서 우리는 곡식 하나라도 잃지 않으시려는 예수님의 애정과 배려를 깊이 감지할 수 있습니다. 다른 하나는 추수 때에 예수께서 추수꾼들에게 가라지는 먼저 거두어 불사르게 단으로 묶고 곡식은 모아 내 곳간에 넣으라고 하십니다. 이 말씀으로부터 우리는 하나님으로부터 부르심을 입고 예수님을 그리스도로 고백하는 이들이 모인 세상에 있는 교회는 절대로 온전한 천국의 상태라기보다는 세상 끝 날까지 알곡과 가라지가 함께 존속하고 있다는 것이 감지됩니다. 그렇지만 마지막 심판 때에 가라지는 추수 꾼으로 하여금 먼저 거두어 불사르도록 단으로 묶으라고 하십니다. 그리고 예수님의 말씀을 지켜 행하는 알곡은 예수님께서 하늘에 예비하여 두신 하나님의 집으로 들어간다고 하십니다.

91 / 겨자씨와 누룩 비유

마태복음 13 : 31-33

또 비유를 들어 이르시되 천국은 마치 사람이 자기 밭에 갖다 심은 겨자씨 한 알 같으니 이는 모든 씨보다 작은 것이로되 자란 후에는 풀보다 커서 나무가 되매 공중의 새들이 와서 그 가지에 깃들이느니라 또 비유로 말씀하시되 천국은 마치 여자가 가루 서 말 속에 갖다 넣어 전부 부풀게 한 누룩과 같으니라

기도 요점

예수께서 비유로 천국은 마치 사람이 자기 밭에 갖다 심은 겨자씨 한 알과 같다고 하시는데, 이 비유의 의미는? 또한 천국은 마치 여자가 가루 서 말 속에 갖다 넣어 전부 부풀게 한 누룩과 같다고 예수께서 비유로 말씀하시는데, 이 비유의 의미는?

도움의 말

예수께서 또 천국의 비유 두 가지를 더 말씀하시는데, 하나는 천국은 사람이 자기 밭에 갖다 심은 겨자씨 한 알과 같다는 비유입니다. 겨자씨는 모든 씨앗 가운데 가장 작지만 자란 후에는 풀보다 커서 나무가 되어 공중의 새들이 와서 그 가지에 깃든다고 예수께서 말씀하십니다. 사실 당시 유대인들 중에는 겨자씨의 이러한 특성 때문에 정원수로 심었다고 합니다 이 같은 특성을 가진 겨자씨가 천국과 같다는 것은 예수님 당시의 천국이 마치 겨자씨처럼 매우 약하고 보잘 것이 없이 시작되어 조용히 자라고 있지만 그 나중은 겨자씨가 나무되는 것처럼 크게 창대해 질 것임을 드러내는 비유입니다. 다른 하나는 천국은 마치 여자가 가루 서 말 속에 갖다 넣어 전부 부풀게 한 누룩과 같다는 비유입니다. 이는 적은 양의 누룩이 하루에 빵을 구울 수 있는 최대한의 양인 가루 서 말 속에 들어가면 그 모두를 부풀리는 것처럼 천국복음이 세상 곳곳에 들어가면 그 활동이 사람들에게 드러나지 않으면서도 그곳의 놀라운 변화와 성장을 가능하게 하는 내적인 변화를 가져다준다는 비유입니다.

92 / 비유로 말씀하신 까닭

마태복음 13 : 34-35

예수께서 이 모든 것을 무리에게 비유로 말씀하시고 비유가 아니면 아무 것도 말씀하지 아니하셨으니 이는 선지자를 통하여 말씀하신 바 내가 입을 열어 비유로 말하고 창세부터 감추인 것들을 드러내리라 함을 이루려 하심이라

기도 요점

예수께서 무리들에게 천국에 관한 가르침을 비유로 말씀하시고 비유가 아니면 아무 것도 말씀하지 아니하신 까닭은? 예수께서 내가 창세부터 감추인 것들을 드러내리라 함을 이루려 하기 위하여 비유로 말씀하신다고 하셨는데, 여기서 창세부터 감추인 것들이란?

도움의 말

예수께서 천국에 관한 말씀을 하실 때 그 모든 것을 무리에게 비유로 말씀하시고 비유가 아니면 아무 것도 말씀하지 아니하셨습니다. 그 까닭은 선지자를 통하여 말씀하신 내가 입을 열어 비유로 말하고 창세부터 감추인 것들을 드러내리라 함을 이루려 하심이라고 예수께서 말씀하십니다. 여기서 창세부터 감추인 것들이란 세상의 기초가 놓여 진 때부터 감추인 것, 즉 옛 비밀한 말을 가리키는데, 우리는 이를 시편 78편 2절의 '내가 입을 열어 비유를 말하며 예로부터 감추었던 것을 드러내려 하니'라는 말씀에서 찾아볼 수 있습니다. 그러므로 예로부터 감추었던 비밀한 말이란 구속을 이루시는 하나님의 의로우신 행위들이며 과거의 사건들이 지니고 있는 하나님의 크고 깊은 영적 가르침입니다. 이것이 이제 예수님의 하나님나라의 가르침과 기적과 죽으심과 부활을 통하여 분명하게 드러났습니다. 이런 의미에서 예수님은 예로부터 감추어졌던 것을 드러내시는 계시자이시며 동시에 예수님 자신에 대한 예언과 선포되었던 구속의 역사를 성취하시는 완성자이십니다. 그렇기 때문에

예수님은 당시 바리새인들과 대제사장과 서기관과 같은 이들에게 숨겨진 하나님나라가 가까이 왔다는 천국의 기쁜 소식을 비유를 통하여 무리들에게 밝히 드러내십니다.

93 / 귀 있는 자는 들으라

마태복음 13 : 36-43

이에 예수께서 무리를 떠나사 집에 들어가시니 제자들이 나아와 이르되 밭의 가라지의 비유를 우리에게 설명하여 주소서 대답하여 이르시되 좋은 씨를 뿌리는 이는 인자요 밭은 세상이요 좋은 씨는 천국의 아들들이요 가라지는 악한 자의 아들들이요 가라지를 뿌린 원수는 마귀요 추수 때는 세상 끝이요 추수꾼은 천사들이니 그런즉 가라지를 거두어 불에 사르는 것 같이 세상 끝에도 그러하리라 인자가 그 천사들을 보내리니 그들이 그 나라에서 모든 넘어지게 하는 것과 또 불법을 행하는 자들을 거두어 내어 풀무 불에 던져 넣으리니 거기서 울며 이를 갈게 되리라 그 때에 의인들은 자기 아버지 나라에서 해와 같이 빛나리라 귀 있는 자는 들으라

기도 요점

예수께서 제자들에게 밭의 가라지의 비유를 설명하시면서 천국의 아들들과 악한 자의 아들들에 관하여 말씀하시면서 귀 있는 자는 들으라고 하시는데, 여기서 귀 있는 자란 무엇을 의미하는가? 밭의 가라지 비유에 관한 예수님의 설명 가운데 자신에게 가장 와닿은 말씀은?

도움의 말

예수께서 무리를 떠나 집에 들어가시는데, 제자들이 예수님께 나아와 밭의 가라지의 비유를 설명해 달라고 합니다. 그들은 예수께서 말씀하신 비유를 스스로 이해할 수 없었으므로 이에 대한 해석을 예수께 요청한 것입니다. 이에 대한 예수님의 대답에 의하면, 좋은 씨를 뿌리는 이는 인자인데, 이는 복음의 첫 선포자로서의 예수님 자신을 가리킵니다. 밭은 세상인데, 이는 하나님나라의 복음이 이스라엘을 넘어 온 세상에 미칠 것을 의미합니다. 좋은 씨는 천국의 아들들인데, 이들은 인자에 의하여 이 세상에 뿌려진 자들로서 하나님의 은혜로 메시야의 왕국에 참여할 수 있는 하나님의 참다운 백성들을 의

미합니다. 가라지는 악한 자의 아들들인데, 이들은 악한 자에 의하여 세상에 흩뿌려진 자들로서 멸망의 나라를 유업을 받은 자들이며, 빛보다 어둠을 더 좋아하며 사악한 근성을 소유한 자들입니다. 가라지를 뿌린 원수는 마귀입니다. 근본적으로 마귀는 하나님으로부터 떨어져 나가버린 자로서 악의 기원인데, 마귀의 말이란 하나님 앞에서 사람을 비방하는 행위와 하나님과 사람 사이에 불화를 조성하는 행위를 드러내 주는 말이라고 합니다. 이런 의미에서 하나님으로부터 분리되어 나간 자는 사악한 영향력을 세상에 퍼뜨리는 마귀의 일을 담당하게 된다고 합니다. 추수 때는 세상 끝이며, 추수꾼은 천사들인데, 이들은 종말에 인자와 함께 세상에 와서 의인과 악인을 심판하며 악인을 멸망의 장소로 인도하여 영원히 파멸하게 합니다. 그렇기 때문에 가라지를 거두어 불에 사르는 것 같이 세상 끝에도 악한 자의 아들들이 그러하리라고 하시고, 이에 관한 말씀 두 가지를 분명하게 이르시면서 귀 있는 자는 들으라고 하십니다. 하나는 이 때 인자이신 예수께서 그 천사들을 보내시어 그 나라에서 모든 넘어지게 하는 것과 또 불법을 행하는 자들을 거둬 내어 풀무 불에 던져 넣을 것이므로 거기서 울며 이를 갈게 되리라는 말씀입니다. 여기서 '그 나라'는 하늘나라로서 이곳이 바로 아버지의 나라이며, 이는 또한 인자의 나라로서 예수님의 지상 사역에 의하여 이미 시작된 종말의 나라이며 하나님의 뜻이 실현되고 통치되는 나라입니다. 또한 불법을 행하는 자들은 하나님의 법을 무시하며 하나님의 율법과 계명들을 지키지 않는 자들로서 이들은 하나님을 대적하는 자들입니다. 이러한 사람들은 가라지를 묶어 불에 태우는 것 같이 천사들이 그들을 풀무 불에 던져 넣어 울며 이를 갈게 된다고 예수께서 말씀하십니다. 다른 하나는 그 때에 의인들은 자기 아버지 나라에서 해와 같이 빛날 것이라는 말씀입니다. 여기서 '의인들'이란 하나님나라의 복음의 빛을 받아드린 모든 사람을 가리키며, 이들은 하나님께서 다스리시는 나라를 아버지의 나라이며 영원한 본향으로 삼고 있는 이들입니다. 이러한 사람들은 자기 아버지의 나라에서 해와 같이 빛날 것인데, 이는 세상 끝날에 성도들이 덧입게 될 영광의 광채의 아름다움을 표현한 말씀입니다.

94 / 세 가지 비유

마태복음 13 : 44-50

천국은 마치 밭에 감추인 보화와 같으니 사람이 이를 발견한 후 숨겨 두고 기뻐하며 돌아가서 자기의 소유를 다 팔아 그 밭을 사느니라 또 천국은 마치 좋은 진주를 구하는 장사와 같으니 극히 값진 진주 하나를 발견하매 가서 자기의 소유를 다 팔아 그 진주를 사느니라 또 천국은 마치 바다에 치고 각종 물고기를 모는 그물과 같으니 그물에 가득하매 물 가로 끌어 내고 앉아서 좋은 것은 그릇에 담고 못된 것은 내버리느니라 세상 끝에도 이러하리라 천사들이 와서 의인 중에서 악인을 갈라 내어 풀무 불에 던져 넣으리니 거기서 울며 이를 갈리라

기도 요점

예수께서 천국에 관한 세 가지 비유를 말씀하시는데, 이 세 가지 비유는 무엇입니까? 첫 번째 비유의 의미는? 두 번째 비유의 의미는? 세 번째 비유의 의미는?

도움의 말

예수께서 천국에 관한 세 가지 비유를 말씀하십니다. 첫째는 천국은 마치 밭에 감추인 보화와 같다는 비유인데, 예수님 당시 사람들은 그들의 소유를 흔히 땅에 감춰두었다고 합니다. 밭에 감추인 그 보화는 발견만 되면, 발견한 사람이 일단 이를 숨겨두고 돌아갑니다. 그리고는 그는 그 보화를 갖기 위하여 자신의 소유를 다 파는데, 천국이 바로 모든 것을 다 희생해서라도 소유해야 할 가치 있는 것이라는 말씀을 이 비유를 통하여 예수께서 말씀하십니다. 이는 천국은 자기 소유를 다 팔아 보화를 사는 것과 같은 최고의 가치가 있다는 비유입니다. 이 비유에서 우리는 천국복음을 선포하시는 그리스도 예수님을 통한 사죄의 은총과 하나님을 떠나 하나님을 믿지 못하는 죄에서의 해방

된 삶의 가치가 그 어떤 보화보다도 더 귀중하다는 것을 듣습니다. 둘째는 천국은 마치 좋은 진주를 구하는 장사와 같다는 비유입니다. 진주를 파는 사람은 당시 여행을 다니며 장사하는 부유한 도매상인을 가리킨다고 합니다. 좋은 진주를 구하기 위하여 찾아 다닌다는 점에서 그는 진리를 추구하며 자신의 전 의지를 불태우는 사람의 모습으로 비유되는데, 이러한 사람에게는 하나님의 은혜로 하나님과의 단절된 관계회복을 할 수 있는 그리스도 예수께서 선포하신 하나님나라의 복음 선포를 듣고 받아드리는 극히 값진 진주를 얻게 된다는 비유입니다. 셋째는 천국은 마치 바다에 치고 각종 물고기를 모는 그물과 같다는 비유입니다. 이 비유는 하나님나라에 참여할 수 있는 사람들이 이스라엘 사람들로만 국한된 것이 아나라 온 세상의 여러 민족들이 다 포함된다는 것을 의미합니다. 그런데 그물에는 각종 물고기 가운데 좋은 고기와 나쁜 고기로 가득하기 때문에 이를 물가로 끌어내어 앉아 좋은 것을 그릇에 담고 못된 것을 내버리는데, 예수께서는 세상의 끝도 이와 같다고 비유로 말씀하십니다. 예수께서 가라지 비유에서 말씀하신 것처럼 여기서도 세상 끝에 천사들이 와서 의인들 중에서 악인을 갈라내어 풀무 불에 던져 넣으리니 거기서 울며 이를 갈 것이라고 하시는데, 이는 악인들의 영원한 형벌에 대한 말씀입니다.

95 / 새 것과 옛 것

마태복음 13 : 51-52

이 모든 것을 깨달았느냐 하시니 대답하되 그리하오이다 예수께서 이르시되 그러므로 천국의 제자된 서기관마다 마치 새것과 옛것을 그 곳간에서 내오는 집주인과 같으니라

기도 요점

예수께서 제자들에게 이 모든 것을 깨달았느냐고 묻고 계시는데, 이 물음의 의미는? 예수께서 천국의 제자 된 서기관마다 마치 새것과 옛것을 그 곳간에서 내오는 집주인과 같다는 비유를 말씀하시는데, 이 말씀의 의미는?

도움의 말

예수께서 밭의 가라지의 비유와 천국에 관한 세 가지 비유를 설명하신 후, 제자들에게 이 모든 것을 깨달았느냐고 하십니다. 이는 비유의 설명을 요구하였던 그들에게 이제는 천국에 관한 비밀이 깨달아졌느냐는 말씀입니다. 예수님의 말씀을 듣자 제자들은 깨달았다고 대답합니다. 그러자 예수께서 그들에게 그러므로 천국의 제자된 서기관마다 마치 새것과 옛것을 그 곳간에서 내오는 집주인과 같다는 비유의 말씀을 또 하십니다. 여기서 천국의 제자된 서기관이란 천국의 비밀을 듣고 깨달아 믿고 따르는 예수 그리스도의 제자가 된 사람을 가리킵니다. 예수께서는 이러한 사람이 해야 될 일은 마치 새것과 옛것을 그 곳간에서 내오는 집주인과 같다고 비유하십니다. 여기서 새것이란 예수께서 이 땅에 오시어 선포하고 가르치시고 드러내신 도래된 하나님나라의 복음이며, 옛것이란 구약의 율법을 가리킵니다. 예수님 당시 유대 서기관들은 율법을 자구적으로 해석함으로써 전체 율법에 있는 인간에 대한 하나님의 사랑과 구원을 역사를 간과하였으나 천국의 제자된 서기관은 그들과 달리 예수님으로 말미암아 도래된 하나님나라의 복음과 옛 것인 율법을 동시에 활

용할 수 있어야 됨을 예수께서 강조하십니다. 예수 그리스도께서 계시한 것은 오직 천국이 임하였다는 것이며, 그 계시는 옛 것의 성취입니다. 그러므로 구약의 율법에 나타난 메시야와 하나님나라에 대한 약속들도 모두 새 것을 도래하게 하신 예수님의 인격 안에서 성취됩니다. 이런 의미에서 천국의 제자된 서기관은 구약과 신약을 모두 포함한 하나님의 말씀과 구원사건의 역사의 곳간에서 집주인과 같은 예수님의 제자들입니다. 이들은 예수께서 맡기신 하나님나라의 도래의 비밀들을 그 곳간에서 끄집어내어 사람들에게 먹이고 가르치며 그 의미를 깨닫게 해주어야 합니다.

96 / 고향에서 배척 받으시는 예수님

마태복음 13 : 53-58

예수께서 이 모든 비유를 마치신 후에 그 곳을 떠나서 고향으로 돌아가사 그들의 회당에서 가르치시니 그들이 놀라 이르되 이 사람의 이 지혜와 이런 능력이 어디서 났느냐 이는 그 목수의 아들이 아니냐 그 어머니는 마리아, 그 형제들은 야고보, 요셉, 시몬, 유다라 하지 않느냐 그 누이들은 다 우리와 함께 있지 아니하냐 그런즉 이 사람의 이 모든 것이 어디서 났느냐 하고 예수를 배척한지라 예수께서 그들에게 말씀하시되 선지자가 자기 고향과 자기 집 외에서는 존경을 받지 않음이 없느니라 하시고 그들이 믿지 않음으로 말미암아 거기서 많은 능력을 행하지 아니하시니라

기도 요점

예수께서 이 모든 비유를 다 마치신 후 고향으로 돌아가시어 그곳 회당의 사람들에게 가르치시는데, 예수님의 가르침에 대한 그들의 반응은? 예수께서 자기 고향에서 많은 능력을 행하시지 아니한 이유는?

도움의 말

예수께서 이 모든 비유를 마치신 후에 그 곳을 떠나서 고향으로 돌아가십니다. 그곳 회당의 사람들에게 예수께서 가르치시고 천국복음을 전파하시고 병든 자를 치유하시니 그들이 놀랍니다. 여기서 그들이란 예수님을 믿고 따르는 제자들이나 또는 이적을 바라며 예수님을 찾아다니는 무리들이 아니며, 오히려 예수님을 모함하고 해하려는 무리들입니다. 이같이 해하려는 그들의 회당에서 가르치시는 예수님을 보자 그들은 놀라며 예수님을 향하여 하는 말인즉 이 사람 예수의 이 지혜와 이런 능력이 어디서 났느냐고 합니다. 이 말은 그들도 예수님의 지혜와 가르침이 인간의 생각을 뛰어넘는 것은 사실이지만, 그러나 그럼에도 불구하고 이 말은 예수님을 신적인 존재로 인정할 수가 없

다는 말입니다. 왜냐하면 예수님은 그들의 고향의 한 사람으로서 그들이 아는 그 목수의 아들이며, 그 어머니는 마리아, 그 형제들 야고보, 요셉, 시몬, 유다와 그 누이들이 다 그들과 함께 있기 때문에 도저히 예수님을 신적인 존재로 인정할 수가 없었던 것입니다. 그리하여 종래 그들은 이 사람 예수의 이 모든 것이 어디서 났느냐고 말하며 예수님을 배척합니다. 사실 예수님은 고향에 방문하실 때마다 거절당하고 배척당하십니다. 이에 예수께서 그들에게 선지자가 자기 고향과 자기 집 외에서는 존경을 받지 않음이 없다고 하시고 그들이 믿지 않음으로 인하여 그곳에서 많은 능력을 행하지 아니하십니다. 여기서 우리가 알 수 있는 것은 예수님께서 고향에서 많은 능력을 행하지 아니한 이유는 다름이 아니라 예수님의 고향 사람들이 예수님을 하늘로부터 온 하나님의 아들이며, 하나님이 주신 권능을 행하시어 이적과 기사를 행하시는 것을 믿지 못할 뿐만 아니라 예수께서 선포하신 천국이 이미 도래하고 있다는 것을 친히 알리시는데도 불구하고 이를 믿지 못하기 때문입니다.

97 / 예수님의 소문을 듣고
헤롯이 하는 말

마태복음 14 : 1-2

그 때에 분봉 왕 헤롯이 예수의 소문을 듣고 그 신하들에게 이르되 이는 세례 요한이라 그가 죽은 자 가운데서 살아났으니 그러므로 이런 능력이 그 속에서 역사하는도다 하더라

기도 요점

예수님의 소문을 듣고 헤롯이 한 말과 그 말의 의미는?

도움의 말

그 때에 분봉 왕 헤롯이 예수의 소문을 듣습니다. 여기서 '그 때'는 헤롯이 세례 요한을 처형시켰던 때로 보는데, 이때는 예수의 갈릴리 전도 후반기가 시작되는 때로서 예수님과 예수님을 반대하는 사람들과의 갈등이 드러나는 시기였다고 합니다. 바로 이러한 때에 분봉 왕 헤롯이 예수님의 소문을 듣습니다. '분봉 왕'이란 '네 개로 이뤄진 한 벌'이라는 뜻과 '통치'라는 뜻의 합성어로서 문자적으로 한 나라의 사분지 일을 통치하는 자라는 뜻이라고 합니다. 이들은 로마 황제의 임명으로 로마가 정복한 지역의 한 부분을 통치하는 괴뢰 정부의 왕을 가리킨다고 합니다. 이런 헤롯 왕이 예수님의 소문을 듣자, 그 신하들에게 이는 세례 요한이라고 말하면서 그가 죽은 자 가운데서 살아났다고 말합니다. 헤롯이 이와 같이 말하는 까닭은 예수님의 사역과 그가 알고 있었던 세례 요한의 사역의 거의 유사하였기 때문인 것으로 봅니다. 즉, 예수님의 회개의 촉구, 하나님나라 도래의 임박함을 강조하는 것과 또한 유대 교권주의자들에 대한 책망의 소문을 듣고 세례요한을 떠올렸기 때문입니다. 그는 신하들에게 예수님의 이런 능력이 그 속에서 역사한다고 말하는데, 이는 죽은 세례 요한의 영이 예수 안에서 예수께서 행하시는 그 권능들을 행하게 한다는 말입니다.

98 / 세례 요한의 죽음

마태복음 14 : 3 - 12

전에 헤롯이 그 동생 빌립의 아내 헤로디아의 일로 요한을 잡아 결박하여 옥에 가두었으니 이는 요한이 헤롯에게 말하되 당신이 그 여자를 차지한 것이 옳지 않다 하였음이라 헤롯이 요한을 죽이려 하되 무리가 그를 선지자로 여기므로 그들을 두려워하더니 마침 헤롯의 생일이 되어 헤로디아의 딸이 연석 가운데서 춤을 추어 헤롯을 기쁘게 하니 헤롯이 맹세로 그에게 무엇이든지 달라는 대로 주겠다고 약속하거늘 그가 제 어머니의 시킴을 듣고 이르되 세례 요한의 머리를 소반에 얹어 여기서 내게 주소서 하니 왕이 근심하나 자기가 맹세한 것과 그 함께 2)앉은 사람들 때문에 주라 명하고 사람을 보내어 옥에서 요한의 목을 베어 그 머리를 소반에 얹어서 그 소녀에게 주니 그가 자기 어머니에게로 가져가니라 요한의 제자들이 와서 시체를 가져다가 장사하고 가서 예수께 아뢰니라

기도 요점

세례 요한이 죽게 된 까닭은? 세례 요한의 죽음의 과정이 오늘날 우리에게 주는 메시지는?

도움의 말

세례 요한이 죽게 된 경위가 밝혀집니다. 그가 죽기 전에 헤롯이 그 동생 빌립의 아내 헤로디아를 취한 일로 요한을 잡아 결박하여 옥에 가둬두었습니다. 왜냐하면 세례 요한이 헤롯에게 당신이 그 여자를 차지한 것이 옳지 않다고 하였기 때문입니다. 당시 헤롯이 자신의 비윤리적인 행동을 선지자로서 사람들에게 영향력이 컸던 세례 요한으로부터 지적받는 것은 그의 정치생명에 악영향을 미칠 것이므로 헤롯은 그를 없애고 싶었습니다. 그렇지만 요한을 선지자로 인정하는 무리들이 두려워 선뜻 그를 죽일 수가 없었습니다. 그런데 헤

롯의 생일에 헤로디아의 딸이 연석에서 춤을 춤으로 그를 기쁘게 합니다. 이에 헤롯이 그녀에게 원하는 것 무엇이든지 주겠다고 맹세하는데, 그녀가 원하는 것이 바로 요한의 머리를 소반에 얹어 달라는 것입니다. 이 같은 그녀의 소원은 그녀의 어머니가 시키는 대로 말한 것뿐입니다. 그도 그럴 것이 헤롯과 결혼한 그녀의 어머니 헤토디아기 자기들의 결혼이 옳지 않다는 말을 요한으로부터 듣는 것이 그를 죽일 만큼 싫고 귀찮고 두려웠던 것입니다. 요한의 머리를 소반에 얹어 달라는 그녀의 요청에 헤롯이 당황하지만 이미 자기가 맹세하였기에 그녀의 요청을 허락합니다. 그리하여 그녀는 자기 어머니에게 소반에 얹어진 요한의 머리를 가져다줍니다. 이와 같이 요한이 죽게 되는데, 그의 제자들이 와서 그 시체를 가져가 장사한 후 예수님께 이를 보고합니다.

99 / 오천 명을 먹이시다

마태복음 14 : 13-21

예수께서 들으시고 배를 타고 떠나사 따로 빈 들에 가시니 무리가 듣고 여러 고을로부터 걸어서 따라간지라 예수께서 나오사 큰 무리를 보시고 불쌍히 여기사 그 중에 있는 병자를 고쳐 주시니라 저녁이 되매 제자들이 나아와 이르되 이 곳은 빈 들이요 때도 이미 저물었으니 무리를 보내어 마을에 들어가 먹을 것을 사 먹게 하소서 예수께서 이르시되 갈 것 없다 너희가 먹을 것을 주라 제자들이 이르되 여기 우리에게 있는 것은 떡 다섯 개와 물고기 두 마리뿐이니이다 이르시되 그것을 내게 가져오라 하시고 무리를 명하여 잔디 위에 2) 앉히시고 떡 다섯 개와 물고기 두 마리를 가지사 하늘을 우러러 축사하시고 떡을 떼어 제자들에게 주시매 제자들이 무리에게 주니 다 배불리 먹고 남은 조각을 열 두 바구니에 차게 거두었으며 먹은 사람은 여자와 어린이 외에 오천 명이나 되었더라

기도 요점

병자를 고치시느라고 날이 저물어가는지도 모르게 보이시는 예수님께 제자들이 찾아가 드린 말씀은? 예수께서 오천 명을 먹이게 된 경위는?

도움의 말

예수께서 세례 요한의 처형 소식과 함께 예수님의 권능에 관한 소문이 신하들에 의해 헤롯에게 보고되어 헤롯이 예수님을 다시 살아난 세례 요한으로 생각한다는 소식을 들으시고 배를 타고 떠나 따로 빈들에 가십니다. 예수께서 배를 타고 가신 곳은 호수 건너 벳새다 광야라고 하는데, 이때부터 예수님은 주로 제자들을 훈련하는데 주력하십니다. 그런데 무리들이 듣고 여러 고을로부터 걸어서 예수님을 따라옵니다. 이러한 큰 무리를 보신 예수께서 불쌍히 여기시며 그 중에 있는 병자를 고쳐주십니다. 저녁이 되어 제자들이 병자를

고치시는 예수께로 나아와 이곳은 빈들이며 때도 이미 저물었으니 무리를 보내어 마을에 들어가 먹을 것을 사 먹게 하시기를 말씀드렸습니다. 그러자 예수께서 그들을 가게 할 것 없으니 너희가 먹을 것을 주라고 이르십니다. 제자들은 무리의 숫자가 너무 많으니 그들로 하여금 사먹게 하도록 말씀을 드렸는데, 오히려 예수님은 그들에게 먹을 것을 주라고 하십니다. 이에 제자들이 여기 우리에게 있는 것은 떡 다섯 개와 물고기 두 마리뿐이라고 말씀드립니다. 제자들의 이 말을 들으신 예수님은 그것을 내게 가져오라 하시고는 무리를 명하여 잔디 위에 앉히시고 떡 다섯 개와 물고기 두 마리를 가지고 하늘을 우러러 축사하시더니 떡을 떼어 제자들에게 주십니다. 그리하여 제자들이 무리에게 이를 주니 다 배불리 먹고 남은 조각을 열 두 바구니에 차게 거두었는데, 먹은 사람이 여자와 어린이 외에 오천 명이나 되었습니다. 이 숫자는 유대인 계산법에 의한 것이므로 계산에서 빠진 여자와 아이까지 합치면 아마도 일만 오천 명은 넘을 것으로 봅니다.

100 / 나니 두려워하지 말라

마태복음 14 : 22-27

예수께서 즉시 제자들을 재촉하사 자기가 무리를 보내는 동안에 배를 타고 앞서 건너편으로 가게 하시고 무리를 보내신 후에 기도하러 따로 산에 올라가시니라 저물매 거기 혼자 계시더니 배가 이미 육지에서 수 리나 떠나서 바람이 거스르므로 물결로 말미암아 고난을 당하더라 밤 사경에 예수께서 바다 위로 걸어서 제자들에게 오시니 제자들이 그가 바다 위로 걸어오심을 보고 놀라 유령이라 하며 무서워하여 소리 지르거늘 예수께서 즉시 이르시되 안심하라 나니 두려워하지 말라

기도 요점

제자들이 풍랑으로 바다 가운데서 고난당하고 있는 것을 아시는 예수님께서 물 위로 걸어서 그들에게 가는데, 이를 본 배 안에 있는 그들이 유령인줄 알고 놀라 두려워하게 됩니다. 이때 물 위에 계신 예수께서 풍랑으로 거칠어진 바다 가운데 있는 제자들에게 하신 말씀은? 또한 이 때 예수께서 제자들에게 하신 말씀이 자신에게 주는 메시지는?

도움의 말

오명이어 사건이후 예수께서 즉시 제자들을 재촉하시어 자기가 무리를 보내는 동안에 배를 타고 앞서 건너편으로 가게 하십니다. 제자들이 배로 건너편으로 간 곳은 뱃새다 광야 건너편인데, 이곳은 갈릴리 북서쪽에 위치한 게네사렛으로 봅니다. 무리를 보내신 후에 예수께서 기도하러 따로 산에 올라가십니다. 날이 저물어 예수께서 거기 혼자 계시는데, 제자들이 탄 배가 이미 육지에서 수 리나 떠나서 바다 가운데 있었습니다. 그런데 이때 바람이 거스르므로 물결로 말미암아 배에 탄 제자들이 고난을 당합니다. 새벽 3시부터 6시까지, 즉 밤 사경에 예수께서 바다 위로 걸어서 심한 풍랑으로 고난을 당

하고 있는 제자들에게 오시는데, 이 같은 예수님의 초자연적인 행위 자체가 바로 예수님이 만유의 주재이심을 드러내는 사건입니다. 그러나 제자들은 바다 위로 걸어오시는 예수님을 유령으로 착각하고 무서워하여 소리를 지릅니다. 이에 예수께서 즉시 안심하라 나니 두려워하지 말라 말씀해 주십니다. 예수께서는 놀라움으로 두려워하는 제자들에게 나니 안심하고 두려움에서 헤어 나오라고 말씀하십니다.

101 / 믿음이 작은 자여
왜 의심하였느냐

마태복음 14 : 28-33

베드로가 대답하여 이르되 주여 만일 주님이시거든 나를 명하사 물 위로 오라 하소서 하니 오라 하시니 베드로가 배에서 내려 물 위로 걸어서 예수께로 가되 바람을 보고 무서워 빠져 가는지라 소리 질러 이르되 주여 나를 구원하소서 하니 예수께서 즉시 손을 내밀어 그를 붙잡으시며 이르되 믿음이 작은 자여 왜 의심하였느냐 하시고 배에 함께 오르매 바람이 그치는지라 배에 있는 사람들이 예수께 절하며 이르되 진실로 하나님의 아들이로소이다 하더라

기도 요점

바다 가운데서 격한 풍랑으로 위기에 처한 배에 있는 제자들에게 물 위로 걸어오시는 예수님을 확인한 후, 베드로가 예수님께 주여 만일 주님이시거든 나를 명하사 물 위로 오라 하소서 라고 말하는데, 여기서 '주여 만일 주님이시거든' 이라는 말이 뜻하는 바는? 물 위를 예수님의 명령에 따라 걸어가다가 바람을 보고 무서워 빠져 가는지라 소리 질러 이르되 주여 나를 구원하소서 하니 예수께서 즉시 손을 내밀어 그를 붙잡으시며 믿음이 작은 자여 왜 의심하였느냐 라고 하시는데, 이 말씀의 의미는?

도움의 말

거센 풍랑으로 위기에 처한 배 안에 있는 제자들에게 물 위로 걸어오시는 예수님을 보고 베드로가 주여 만일 주님이시거든 나를 명하사 물 위로 오라 하소서 라고 말합니다. 여기서 베드로가 '만일 주님이시거든'이라고 말한 것은 그가 물 위로 걸어오시는 사람이 주님이라는 사실을 알고 주께서 그에게 물 위로 오라하시면 자신도 물 위를 걸을 수 있다는 것을 확실히 믿고 있음을 뜻하는 말입니다. 그렇기 때문에 예수께서 그에게 물 위로 오라 하시니 베드로

가 배에서 내려 물 위로 걸어서 예수께로 갈 수 있었던 것입니다. 그런데 베드로가 바람을 보고 무서워 빠져 가는 것을 알고 주여 나를 구원하소서 라고 소리를 칩니다. 여기서 우리는 베드로가 물 위에서 계속하여 예수님만 바라보고 걸어갔어야 하는데, 그의 눈에 그를 삼킬 듯이 몰려오는 폭풍의 위협이 들어오게 되어 급하게 주님을 부르며 자신을 구원해 달라고 소리를 칩니다. 이에 예수께서 즉시 손을 내밀어 그를 붙잡아 건져내시면서 믿음이 작은 자여 왜 의심하였느냐 하십니다. 만약 베드로가 거센 풍랑 앞에서도 물 위에서 그를 기다리고 있는 예수님만을 바라보았다면, 그는 그 폭풍을 볼 수 없었을 것이므로 물에 빠져 들어가는 경험을 하지 않을 수 있었기에 예수께서는 그에게 믿음이 작은 자여 왜 내가 너에게 오라한 말을 의심하였느냐고 책망하십니다. 그리고는 예수께서 베드로와 함께 배에 오르시는데, 바람이 그칩니다. 이를 지켜보고 있던 배에 있는 사람들이 예수께 절하며 진실로 당신은 하나님의 아들이라는 신앙고백을 합니다.

102 / 게네사렛에서 병자들을 고치시다

마태복음 14 : 34-36

그들이 건너가 게네사렛 땅에 이르니 그 곳 사람들이 예수이신 줄을 알고 그 근방에 두루 통지하여 모든 병든 자를 예수께 데리고 와서 다만 예수의 옷자락에라도 손을 대게 하시기를 간구하니 손을 대는 자는 다 나음을 얻으니라

기도 요점

예수께서 제자들과 게네사렛 땅에 이르실 때, 그곳 사람들의 반응은? 게네사렛 사람들이 예수님의 옷자락에라도 손을 대게 해주시기를 예수님께 간구한 까닭은? 손을 댄 결과는?

도움의 말

예수님과 제자들이 건너가 갈릴리 호수 서쪽에 있는 게네사렛 땅에 이릅니다. 이곳은 기후가 온화하고 비옥한 광야지대 라고 합니다. 그리고 게네사렛 북쪽에는 가버나움이 있고, 남쪽에는 디베랴가 위치해 있다고 합니다. 이러한 그 곳의 사람들이 그들에게 오신 예수님을 알아보고 그 근방에 두루 통지하여 모든 병든 자를 예수께 데리고 옵니다. 이와 같이하여 예수님의 공적사역의 범위가 온 유대 전역에까지 미치게 됩니다. 게네사렛 근방을 두루 통지하여 예수께로 데리고 온 모든 병든 자들이 너무 많기에 다만 예수님의 옷자락에라도 손을 대게 하시기를 간구합니다. 그런데 병든 자들이 예수님의 옷자락에 손을 대는 자는 다 나음을 얻습니다.

103 / 너희의 전통으로
하나님의 말씀을 폐하는도다

마태복음 15 : 1-6

그 때에 바리새인과 서기관들이 예루살렘으로부터 예수께 나아와 이르되 당신의 제자들이 어찌하여 장로들의 전통을 범하나이까 떡 먹을 때에 손을 씻지 아니하나이다 대답하여 이르시되 너희는 어찌하여 너희의 전통으로 하나님의 계명을 범하느냐 하나님이 이르셨으되 네 부모를 공경하라 하시고 또 아버지나 어머니를 비방하는 자는 반드시 죽임을 당하리라 하셨거늘 너희는 이르되 누구든지 아버지에게나 어머니에게 말하기를 내가 드려 유익하게 할 것이 하나님께 드림이 되었다고 하기만 하면 그 부모를 공경할 것이 없다 하여 너희의 전통으로 하나님의 말씀을 폐하는도다

기도 요점

바리새인과 서기관들이 예루살렘으로부터 예수께 나아와 이르되 당신의 제자들이 떡 먹을 때에 손을 씻지 아니하니 어찌하여 그들이 장로들의 전통을 범하느냐고 예수께 묻는데, 이에 대한 예수님의 대답은? 장로들의 유전이 하나님의 말씀을 폐한다고 예수께서 말씀하시는데, 그 이유는?

도움의 말

바리새인과 서기관들이 예루살렘으로부터 예수께 나아오는데, 그들은 예루살렘의 산헤드린 종교회의로부터 갈릴리로 파견된 종교조사단이었다고 합니다. 당시 그들은 예수님의 병 고침과 천국에 대한 가르침을 조사하기 보다는 예수님을 모함하려는 의도로 파견된 것입니다. 이런 의도로 파송된 그들은 예수께 와서 당신의 제자들이 떡 먹을 때에 손을 씻지 아니하니 이는 장로들의 전통을 범하는 것이라고 말합니다. 여기서 말하는 장로들의 전통이란 나이든 어른들 가운데 특히 율법에 능통한 자나 랍비 등과 같은 종교지도자들을 가

리킵니다. 이러한 지도자들은 당시 율법해석의 권위를 공식적으로 인정받았고, 그들의 해석은 구전으로 이어져 전승되었습니다. 이들의 이러한 율법해석이 기록된 율법보다 더 존중히 여겨지게 되었습니다. 떡 먹을 때에 손을 씻는 예법의 유래는 두 가지라고 합니다. 하나는 팔레스틴의 풍토로 인하여 음식 먹을 때에 손을 씻어야 되는 필요에서 나왔고, 다른 하나는 이방인들과 접촉 혹은 스쳤거나 혹은 무의식 중이라도 이방인의 물건에 닿는 것은 성전과 회당에서 예배드리는데 장애가 된다는 것이 장로들의 유전에 의하여 나왔다고 합니다. 그렇기 때문에 예수께서 그들에게 너희는 어찌하여 너희의 전통으로 하나님의 계명을 범하느냐고 말씀하십니다. 예수께서 하나님의 말씀과 장로들의 유전 사이의 차이를 분명하게 드러내는 예로 하나님께서는 네 부모를 공경하고, 아버지나 어머니를 비방하는 자는 반드시 죽임을 당하리고 하셨는데, 너희 장로들은 누구든지 아버지에게나 어머니에게 드려 유익하게 할 것이 하나님께 드림이 되었다고 하기만 하면 그 부모를 공경할 것이 없다하니, 너희의 전통으로 하나님의 말씀을 폐하고 있는 것이라고 하십니다. 이같은 예를 말씀하시면서 예수님은 그들에게 너희 장로들의 유전은 하나님의 말씀으로부터 완전히 빗나간 말이라고 질책하십니다.

104 / 듣고 깨달으라

마태복음 15 : 7-11

외식하는 자들아 이사야가 너희에 관하여 잘 예언하였도다 일렀으되 이 백성이 입술로는 나를 공경하되 마음은 내게서 멀도다 사람의 계명으로 교훈을 삼아 가르치니 나를 헛되이 경배하는도다 하였느니라 하시고 무리를 불러 이르시되 듣고 깨달으라 입으로 들어가는 것이 사람을 더럽게 하는 것이 아니라 입에서 나오는 그것이 사람을 더럽게 하는 것이니라

기도 요점

예수께서 바리새인들과 서기관들에게 외식하는 자들이라고 하시며 이사야의 말씀을 인용하시는데, 인용된 말씀의 의미는? 무리를 부르시어 듣고 깨달으라 입으로 들어가는 것이 사람을 더럽게 하는 것이 아니라 입에서 나오는 그것이 사람을 더럽게 하는 것이라고 예수께서 말씀하시는데, 이 말씀의 의미는?

도움의 말

예수께서 바리새인들과 서기관들에게 외식하는 자들이라고 말씀하십니다. 여기서 외식하는 자들이란 그들의 본 모습과 겉모습이 다르다는 의미에서 위선자라는 의미이기도 합니다. 당시 그들은 하나님께 대한 열심의 표징으로서 그들의 선조들의 유전이나 관습을 맹목적으로 순응하며 종교적 의무를 온전히 수행하는 것과 같은 종교적 허울만을 쫓는 것이었습니다. 그리하여 예수께서는 이사야 29장 13절의 말씀을 인용하시면서 두 가지 말씀을 그들에게 하십니다. 하나는 이 백성이 입술로는 나를 공경하되 마음은 내게서 멀다는 말씀인데, 이는 바리새인들과 서기관들이 종교를 형식주의로 전락시켰다는 말씀입니다. 다른 하나는 사람의 계명으로 교훈을 삼아 가르치기 때문에 하나님을 헛되이 경배한다는 말씀입니다. 여기서 사람의 계명이란 인간 자신

의 방법에 따라 하나님을 섬기는 것을 의미합니다. 다른 말로 표현하면, 이는 하나님의 말씀보다도 그들은 조상들의 유전에 따라 하나님을 섬기기 때문에 하나님을 헛되이 경배하게 된다는 말씀입니다. 이같이 말씀하신 후 예수께서 무리를 불러 이르시기를 듣고 깨달으라고 하십니다. 그 무리들이 듣고 깨달 아 알아야 될 것은 입으로 들어가는 것이 사람을 더럽게 하는 것이 아니라 입에서 나오는 그것이 사람을 더럽게 한다는 말씀입니다. 여기서 입으로 들어가는 것은 음식을 뜻하고, 그리고 입에서 나오는 것은 사람이 말을 하면서 밖으로 그 사람의 생각과 마음의 뜻을 드러내는 것을 의미합니다. 그러므로 사람을 더럽게 하는 것은 그 입에서 나오는 부도덕한 언행과 인격이지 입으로 들어가는 음식이 아니기 때문에 예수께서는 그의 제자들이 손을 씻지 아니하고 떡을 먹는 행위가 불결한 것이 아니라 장로들의 전통을 지키기 위하여 하나님의 말씀을 폐하여 불순종하는 것이 근본적으로 불경한 것임을 지적하십니다.

105 / 마음에서 나오는
악한 것이 사람을 더럽게 하느니라

마태복음 15 : 12-20

이에 제자들이 나아와 이르되 바리새인들이 이 말씀을 듣고 걸림이 된 줄 아시나이까 예수께서 대답하여 이르시되 심은 것마다 내 하늘 아버지께서 심으시지 않은 것은 뽑힐 것이니 그냥 두라 그들은 맹인이 되어 맹인을 인도하는 자로다 만일 맹인이 맹인을 인도하면 둘이 다 구덩이에 빠지리라 하시니 베드로가 대답하여 이르되 이 비유를 우리에게 설명하여 주옵소서 예수께서 이르시되 너희도 아직까지 깨달음이 없느냐 입으로 들어가는 모든 것은 배로 들어가서 뒤로 내버려지는 줄 알지 못하느냐 입에서 나오는 것들은 마음에서 나오나니 이것이야말로 사람을 더럽게 하느니라 마음에서 나오는 것은 악한 생각과 살인과 간음과 음란과 도둑질과 거짓 증언과 비방이니 이런 것들이 사람을 더럽게 하는 것이요 씻지 않은 손으로 먹는 것은 사람을 더럽게 하지 못하느니라

기도 요점

하나님 아버지께서 심으시지 않은 것은 뽑힐 것이라는 예수님의 말씀이 가르치는 의미는? 예수께서 사람의 입에서 나오는 것들은 마음에서 나오나니 이것이야 말로 사람을 더럽게 한다고 말씀하시는데, 이 말씀이 의미하는 바는?

도움의 말

제자들이 예수님께 나아와 바리새인들이 그들의 종교지도자들을 외식하는 자들이라고 이르신 예수님의 말씀을 듣고 걸림이 되어 분노하는 줄 아시냐고 이릅니다. 이에 예수께서 심은 것마다 내 하늘 아버지께서 심으시지 않은 것은 뽑힐 것이니 그냥 두라고 하십니다. 이 말씀은 바리새인들과 서기관들의 가르침은 하나님 아버지께로부터 말미암은 가르침이 아니고 그들의 전통과 유

전에 의한 가르침이기 때문에 근절되어 버려질 것이라는 선언입니다. 그리고 이어서 예수께서는 진리를 분별하지 못하는 그들을 영적인 맹인으로 비유하시면서 맹인인 그들이 또한 백성을 가르치는 지도자이니 그들뿐만 아니라 그들의 백성까지도 죽음의 길로 인도하여 멸망하게 한다고 하십니다. 여기까지 예수님의 말씀을 듣고 있던 베드로가 이제 이 비유를 우리에게 설명하여 달라고 청합니다. 베드로의 요청을 들으신 예수께서 너희도 아직까지 깨달음이 없느냐고 하시며 두 가지로 대답 하십니다. 하나는 입으로 들어가는 모든 것은 더러운 것이 아니라는 말씀인데, 그 이유는 입으로 들어간 음식은 배로 들어가서 뒤로 내버려지는 것이기 때문입니다. 다른 하나는 입에서 나오는 것들은 마음에서 나오는데, 이것이야말로 사람을 더럽게 한다는 말씀입니다. 왜냐하면 마음에서 나오는 것은 악한 생각과 살인과 간음과 음란과 도둑질과 거짓 증언과 비방인데, 이런 것들이 바로 사람을 더럽게 하는 것이지 제자들이 씻지 않은 손으로 떡을 먹은 것이 사람을 더럽게 하지 못한다고 말씀하십니다.

106 / 여자여 네 믿음이 크도다
네 소원대로 되리라

마태복음 15 : 21-28

예수께서 거기서 나가사 두로와 시돈 지방으로 들어가시니 가나안 여자 하나
가 그 지경에서 나와서 소리 질러 이르되 주 다윗의 자손이여 나를 불쌍히 여
기소서 내 딸이 흉악하게 귀신 들렸나이다 하되 예수는 한 말씀도 대답하지
아니하시니 제자들이 와서 청하여 말하되 그 여자가 우리 뒤에서 소리를 지르
오니 그를 보내소서 예수께서 대답하여 이르시되 나는 이스라엘 집의 잃어버
린 양 외에는 다른 데로 보내심을 받지 아니하였노라 하시니 여자가 와서 예
수께 절하며 이르되 주여 저를 도우소서 대답하여 이르시되 자녀의 떡을 취하
여 개들에게 던짐이 마땅하지 아니하니라 여자가 이르되 주여 옳소이다마는
개들도 제 주인의 상에서 떨어지는 부스러기를 먹나이다 하니 이에 예수께서
대답하여 이르시되 여자여 네 믿음이 크도다 네 소원대로 되리라 하시니 그
때로부터 그의 딸이 나으니라

기도 요점

흉악하게 귀신 들린 딸을 둔 가나안 여자가 예수께 나와 주 다윗의 자손이여
나를 불쌍히 여기소서라고 외치는데, 이 외침의 의미는? 예수께서 가나안 여
자에게 여자여 네 믿음이 크도다 네 소원대로 되리라고 하시는데, 예수님으
로부터 이 같은 말씀을 듣게 된 경위를 상상해 보십시오.

도움의 말

예수께서 갈릴리 호수에서 50-60km 떨어진 지중해 연안에 위치한 두로와 시
돈 지방으로 들어가십니다. 예수님의 가르침에 대한 바리새인들과 서기관들
의 강한 반발로 인하여 예수께서는 이방지역으로 들어가셨는데, 그 지경에
서 가나안 여자 하나가 나와 예수님을 향하여 주 다윗의 자손이여 딸이 흉악

한 귀신에 들렸으니 이런 딸을 둔 나를 불쌍히 여겨달라고 소리칩니다. 이 여인이 예수님을 다윗의 자손이라고 부르는 것으로 보아 그녀는 예수님을 바로 이스라엘이 소망하고 있는 메시야, 즉 다윗 왕의 약속된 후손으로 인정하며 외칩니다. 그럼에도 불구하고 예수님은 그녀에게 한 말씀의 대답도 하지 않습니다. 그리하여 제자들이 예수께 와서 그 여자가 우리 뒤에서 소리를 지르오니 그를 보내시라고 청탁을 합니다. 그들의 청을 들으신 예수께서 나는 이스라엘 집의 잃어버린 양 외에는 다른 데로 보내심을 받지 아니하였다고 그들에게 대답하십니다. 그런데 이때 가나안 여자가 와서 예수께 절하며 주여 저를 도와 달라고 간구합니다. 그녀의 간청을 들으신 예수께서 자녀의 떡을 취하여 개들에게 던짐이 마땅하지 않다고 하십니다. 이는 예수께서 선포하신 하나님나라 복음을 받아드리는데 있어서 그 우선권이 유대인들에게 있다는 말씀입니다. 이 말씀은 복음전파의 순서가 우선은 유대인이고, 그 다음이 이방인(롬 2:9, 10)이라는 것으로서 실제로 본격적인 이방전도는 예수님의 부활 이후, 제자들과 바울에 의하여 진행되었습니다. 자녀의 떡을 취하여 개들에게 던짐이 마땅하지 않다는 예수님의 말씀을 듣고 가나안 여자는 주여 옳소이다 마는 개들도 제 주인의 상에서 떨어지는 부스러기를 먹는다고 말씀드리는데, 이는 하나님께서 유대인들을 선택하시고 그녀와 같은 이방인이 선택되지 못하였기에 그녀는 자신이 개임을 인정하는 말입니다. 당시 팔레스틴에서 주인이 식사하는 동안 개들이 그 곁에서 떨어지는 부스러기를 먹는 것이 예사로운 일이었다고 합니다. 이 같은 그녀의 말을 들으신 예수께서 여자여 네 믿음이 크도다 네 소원대로 되리라 하시자 그 때로부터 그의 딸이 낫게 되었습니다.

107 / 많은 사람들을 고치시는 예수님

마태복음 15 : 29-31

예수께서 거기서 떠나사 갈릴리 호숫가에 이르러 산에 올라가 거기 앉으시니 큰 무리가 다리 저는 사람과 장애인과 맹인과 말 못하는 사람과 기타 여럿을 데리고 와서 예수의 발 앞에 앉히매 고쳐 주시니 말 못하는 사람이 말하고 장애인이 온전하게 되고 다리 저는 사람이 걸으며 맹인이 보는 것을 무리가 보고 놀랍게 여겨 이스라엘의 하나님께 영광을 돌리니라

기도 요점

예수께서 두로를 떠나 갈릴리 호수가에 이르러 산에 올라가 앉으시니 무리들이 병자들을 데리고 와서 예수님의 발 앞에 둡니다. 이에 예수께서 그들을 치유하시는 당시 상황을 상상해 보십시오. 예수님의 치유사역으로 말 못하는 사람이 말하고 장애인이 온전하게 되고 다리 저는 사람이 걸으며 맹인이 보는 것을 본 무리들이 놀라며 이스라엘의 하나님께 영광을 돌리는데, 이로 보아 그 무리들은 누구입니까?

도움의 말

예수께서 두로에서 떠나셔서 갈릴리 호숫가에 이르십니다. 이곳에 이르신 예수께서 산에 올라가 거기 앉으시니 큰 무리가 병자들을 데리고 와 예수님의 발 앞에 앉힙니다. 여기서 '앉히다'라는 동사가 미래완료형이므로 무리들의 이러한 행위는 한 번으로 끝나지 않고 반복하여 계속 진행되었습니다. 이는 많은 병자들을 치유하셨다는 것을 의미합니다. 그 병자들 가운데는 다리 저는 사람과 장애인과 맹인과 말 못하는 사람과 기타 여럿이었습니다. 예수께서 그들을 고쳐 주시니 말 못하는 사람이 말하고 장애인이 온전하게 되고 다리 저는 사람이 걸으며 맹인이 봅니다. 이를 지켜보던 무리가 보고 놀랍게 여겨 이스라엘의 하나님께 영광을 돌립니다. 예수께서 병자들을 고치신 곳은 당

시 유대인들이 잘 다니지 아니하는 곳으로서 이는 이방 땅인 갈릴리 호수입니다. 또한 이 기적의 현장을 보고 놀라는 무리들이 이스라엘의 하나님께 영광을 돌린다는 말을 한 것으로 보아 그들은 이스라엘 사람이 아니라는 것을 알수 있습니다. 그러므로 예수께서는 갈릴리 지역에서 이방인들과 함께 하고 계시며 그 이방인들을 고쳐주신 것입니다.

108 / 사천 명을 먹이시다

마태복음 15 : 32-39

예수께서 제자들을 불러 이르시되 내가 무리를 불쌍히 여기노라 그들이 나와 함께 있은 지 이미 사흘이매 먹을 것이 없도다 길에서 기진할까 하여 굶겨 보내지 못하겠노라 제자들이 이르되 광야에 있어 우리가 어디서 이런 무리가 배부를 만큼 떡을 얻으리이까 예수께서 이르시되 너희에게 떡이 몇 개나 있느냐 이르되 일곱 개와 작은 생선 두어 마리가 있나이다 하거늘 예수께서 무리에게 명하사 땅에 앉게 하시고 떡 일곱 개와 그 생선을 가지사 축사하시고 떼어 제자들에게 주시니 제자들이 무리에게 주매 다 배불리 먹고 남은 조각을 일곱 광주리에 차게 거두었으며 먹은 자는 여자와 어린이 외에 사천 명이었더라 예수께서 무리를 흩어 보내시고 배에 오르사 마가단 지경으로 가시니라

기도 요점

예수께서 떡 일곱 개와 작은 생선 두어 마리로 사천 명이나 먹이시게 된 배경은? 사천 명이 배불리 먹고 남은 것은 얼마입니까?

도움의 말

예수께서 제자들을 부르시어 말씀하시기를 내가 무리를 불쌍히 여기신다고 하십니다. 그 이유는 예수께서 병자들의 병을 고치시는 사역이 사흘이나 계속되었으므로 먹을 것이 없었기 때문입니다. 당시 팔레스틴의 주민들은 흔히 두터운 겉옷을 걸치고 다니면서 싸늘한 밤 기후에도 길가에서 노숙하면서 먼 여행을 하였다고 합니다. 그러나 예수께서는 그들을 먹이지 않고 보내면 길에서 기진할 것같아 보낼 수가 없다고 제자들에게 말씀하십니다. 이 같은 예수님의 말씀을 들은 제자들이 광야에 있어 우리가 어디서 이런 무리가 배부를 만큼 떡을 얻을 수 있겠느냐고 말씀드립니다. 이에 예수께서 그들에게 떡이 몇 개나 있느냐고 물으시는데, 그들은 일곱 개와 작은 생선 두어 마리가 있다고 대

답합니다. 이는 당시 주식으로 사용했던 건조한 조그만 물고기였다고 합니다. 그 떡 일곱 개와 그 생선을 예수께서 가지시고 무리를 땅에 앉게 하신 후 축사하시고 떼어 제자들에게 주십니다. 예수께서 떼어 주신 떡과 물고기를 제자들이 받아 무리에게 주니 그들이 다 배불리 먹고 남은 조각을 일곱 광주리에 차게 거둡니다. 여기서 광주리는 이방인들이 물고기나 과일을 담는 데 사용하기 위하여 갈대로 만든 큰 그릇이라고 합니다. 이 때 먹은 사람은 여자와 어린이 외에 사천 명이었습니다. 떡 일곱 개와 물고기 두어 마리로 사천 명을 먹이신 예수께서 무리를 흩어 보내시고 배에 오르시어 마가단 지경으로 가십니다.